힘든 일을 먼저 하라

힘든 일을 먼저 하라

자기 인생 자기가 망치는
미루기 중독자를 위한
최후의 처방

DO THE
HARD
THINGS
FIRST

스콧 앨런 지음
이희경 옮김

갤리온
GALLEON

목차

—— 3부 ——

나를 망치는 최악의 습관에서
빠져나오기

인생은 당신을
기다려주지 않는다

"아마추어는 앉아서 영감을 기다리고, 나머지는 그냥 일어나서 일하러 간다."

— **스티븐 킹**Stephen King

나는 정말 심각한 미루기 중독자였다. 두 번째 파산을 앞두고 나서야 그동안 미루는 습관 때문에 엄청난 손해를 입어왔다는 것을, 만일 이 버릇을 고치지 않는다면 죽을 때까지 계속 손해 보고 살아야 한다는 것을 알아차리게 되었다. 이 책에 있는 내용들은 30년간 나를 괴롭힌 미루기라는 고질병을 고쳐준 방법들이다.

미루기란 무엇일까? 심리학 연구자들에 따르면, 미루기는

'비생산적이고 불필요한 지연을 초래하는데도 임박한 작업을 나중으로 미루는 습관'이다. 해야 한다는 것을 알면서도 미루는 이 행동은 당신이 즐거움을 느끼는 활동을 하느라 필요한 일을 하지 않기로 선택하는 것이다. 이것이 반드시 나쁜 것만은 아니다. 우리에게는 모두 게으르게 행동할 권리가 있고, 청소기 돌리는 것보다는 TV 보는 것을 더 선호할 권리도 있다. 그러나 미루는 습관이 미치는 악영향은 장기적으로 이어져서 종종 수십 년에 걸쳐 문제가 되기도 한다.

방 정리를 미루는 것이 당신의 인생을 망치지는 않았을 것이다. 학창 시절에 중간고사 시험을 벼락치기로 준비했던 것도 당신의 인생을 망치진 않았을 것이다(심지어 벼락치기 효과가 좋았던 적도 있었을 것이다). 그러나 습관적으로 집안일을 미루고, 습관적으로 공부를 미루던 사람은 어른이 되어서도 위태로운 삶을 산다. 중요한 업무를 미루다가 상사의 신뢰를 잃게 되기도 하고, 절약을 미루고 건강을 미루다가 최악의 노후를 맞을 수도 있다. 지금 행동하지 않으면 결국 그에 대한 값을 치르게 된다.

또한 미루는 사람의 인생은 언제나 잔잔하게 불행하다. 힘든 일을 미루고 누워서 스마트폰 보는 것을 선택한다고 해서 그 시간이 달콤하고 행복한 것은 아니다. 해야 할 일을 처리하지 못한 상황에서 완벽하게 벗어나지 못해 늘 긴장되어 있고 마음이 불안하다. 한순간도 마음이 편하지 않은 상태로 살아가는 것, 나는 이것을 망한 인생이라고 생각한다.

결국 발등에 불이 떨어져서 초조하게 일을 해치우는 순간은 어떤가. 진작 하지 못한 것에 후회와 자괴감이 느껴지면서 나 자신이 끔찍하게 싫어진다. 시간을 들였다면 좋은 결과물이 나왔을 테지만 짧은 시간에 쫓기다 보니 결과물은 항상 딱 욕먹지 않을 정도, 일정 수준을 못 벗어난다. 주위에 성장하는 동료들 사이에서 나만 그 자리 그대로인 것 같다.

머리로는 분명 안 된다는 것을 알고 있으면서도 다른 곳으로 주의를 돌리고 싶은 유혹을 뿌리치기가 힘겹다. 또다시 주의를 빼앗겼다는 것을 미처 깨닫지 못한 채, 당신은 다른 방향으로 빠르게 이끌려가고야 만다. 이렇게 힘든 일을 미루는 습관이 굳어진다. 인생의 다른 모든 습관과 마찬가지로 이것은 어느 한결같은 행동을 반복하면서 시작되는데, 결국 이러한 습관은 끊을 수 없는 사슬이 된다. 그리고 몇 년이 지나면 이 사슬을 끊어내기가 아주 어려워지며 나쁜 버릇에 중독되어버린 듯한 느낌마저 든다. 미루기 버릇에서 벗어나려면 중독에서 벗어나기 위해 몸부림치는 중독자처럼 고군분투해야만 하는 것이다.

힘든 일을 먼저 하기는 왜 그렇게 힘들까

미루기의 주된 원동력은 장기적인 성취와 성장보다는, 단기적인 기분 회복과 감정 조절을 우선시하는 것이다. 즉, 미루는 사람은 내키지 않는 일이 하기 싫을 때, 현재의 부정적인 감정의 고통에서 벗어나기 위해 미루게 된다. 내가 경험한 가장 일반적인 이유는 뇌에서 일어나는 즉각적인 만족과 미래의 만족 사이의 관계에 있다. 행동심리학에 따르면, 이것은 미래의 보상보다 즉각적인 보상을 선호하는 자연스러운 뇌의 현상이다.

현재의 자신과 미래의 자신 사이의 역학 관계를 살펴보자. 은퇴를 대비해 저축한다거나 세계 여행을 하는 것과 같은 목표를 설정한다면, 미래의 자신을 위한 계획을 세우는 것이다. '미래의 당신'은 장기적인 보상을 중요하게 생각한다. 따라서 미래에 대해 목표를 세울 수는 있지만, 행동을 취할 수 있는 건 오로지 현재 순간뿐이다. 연구자들은 지금 어떤 행동을 취할지 결정해야 할 때, 미래의 당신은 장기적인 꿈이 이루어지기를 간절히 원하지만, 현재의 당신은 즉각적인 만족을 선호한다는 사실을 발견했다. 운동을 하기보다는 TV를 보고, 샐러드를 먹는 대신 당분이 가득한 디저트를 먹고 싶은 것이다.

언젠가 세계 여행을 하는 것처럼 목표가 먼 미래에 있다면 미뤄도 괜찮을 것이다. 당장 그런 일이 일어나지 않아도 꿈은 계속 꿀 수 있다. 그러나 미래는 빠르게 다가오고 있으며, 우리는 10년 전에 설정한 목표가 이제 불과 5년 후, 그리고 1년 후라는 것을 깨닫게 된다. 그러면 어떻게 할까? 기한을 연장한다. 당신은 "아이들이 크면 가야지." 또는 "돈을 다 모으면 가야지."라고 말한다. 그러나 그런 일은 절대로 일어나지 않는다. 우리는 그것에 대해 이야기만 할 뿐, 미래의 현실로 만들기 위해 현재 순간에 아무 행동도 취하지 않는다.

이렇게 계획하고, 기한을 연장하고, 다시 계획하고, 또다시 연장하는 식의 악순환이 형성된다. 목표가 긴급하지 않으면 무기한으로 미루는 문이 열린다. 정신을 차려보니 마흔이 되어 있고 20대에 세운 모든 계획이 손에 닿지 않게 되면, 당신이 계획만 계속 세우고 그것에 대해 이야기하느라 바빴던 동안에 세월이 당신을 제쳐버렸다는 것을 깨닫게 된다.

나는 이런 일이 당신에게 일어나지 않았으면 한다. 그러므로 미루는 습관을 물리치는 건 당신을 구하는 일이다. 무슨 일이 있어도 행동에 옮겨야 한다는 점이 중요하다. 제임스 클리어가 말했듯이, 자기 패배적인 행동에서 벗어나기 시작할 수 있는 핵심적 방법의 하나는 현재의 당신과 미래의 당신 사이의 관계를 이해하는 것이다.

힘든 일을 끝내야 비로소 자유로워진다

당신은 해냈다는 느낌을 받기 위해 쉬운 일을 먼저 선택하는 경향이 있다. 하루에 열네 시간씩 일했는데도, 실제로 완성된 일이 하나도 없었던 기억이 있을 것이다. 우선순위가 아니었는데도 이메일을 보내는 데 하루에 세 시간을 쓴 것은 이메일 회신이 그나마 쉬워 보였기 때문이다. 마음은 쉽고 재미있는 일을 하도록 훈련되었다. 이 습관을 되돌리는 핵심은 새로운 행동을 훈련하고 실행하는 것이다. 앞으로 당신의 미루는 습관이 숙련된 행동에 지나지 않는다는 것을 보여주겠다.

이 책에서 배우게 되겠지만, 힘든 일을 먼저 하면 지금까지 경험하지 못한 새로운 기쁨과 자유를 얻게 된다. 미루는 행동으로 인한 불안 또한 사라진다. 불안한 감정의 대부분이 미루는 행동에서 비롯된 것이었던 나의 경우처럼 말이다. 나는 경험에서 우러나온 얘기를 하는 것이다. 30년 넘게 무기력하게 미루는 사람으로 지냈던 내가, 부담스럽고 힘든 일을 시작하자 아주 다양한 방식으로 새로운 인생이 시작됐다. 지금껏 피해왔던 도전들과 자신이 없어 거절했던 제안들에 이제는 즐겁게 참여하고 있다. 침대 밑에 던지고 못 본 척하던 일이 이제는 매일 아침 우선순위 목록에 오른다.

나는 이러한 자유가 존재한다는 것을 알고 있으며, 정말로 원한다면 당신도 이 자유를 누릴 수 있다는 것을 알고 있다. 정말로 그것을 원한다면 말이다. 내가 여러 번 강조하는 이유는 변화가 어렵다는 것을 알고 있기 때문이다. 하지만 그에 대한 보상은 인생을 바꿀 만하다. 이것을 기억하라. 미루는 습관 또는 나쁜 습관은 타고난 특성이 아니다. 여타 다른 습관과 마찬가지로, 당신은 수년간 이 습관을 배워왔다. 그렇다면 당연히 버릴 수도 있다.

이 책을 통해 배우게 될 내용은 다음과 같다.

- 작은 성취 목록을 작성하여 불안과 압도감 극복하기
- 시간 낭비 요소와 산만함을 체계적으로 제거하여 시작에 대한 두려움 극복하기
- 결정에 따르는 피로감을 줄일 수 있는 환경 구축하기
- 집중하고 전념할 수 있는 장치 만들기
- 자신의 삶에 책임감을 느끼고, 미루는 행동을 한 자신을 용서하기

- 가장 힘든 일에 집중해서 우선순위에 있는 일을 끝내기
- 갑작스러운 '충동적 전환'을 끊고 집중할 수 있도록 두뇌를 훈련하기
- 지금 대가를 치르고, 나중에 놀기를 선택하기

이 책은 일을 미루게 되는 이유에 대해 알려주고, 미루는 버릇을 끊어내기 위한 22가지 방법을 제시한다. 그러나 단순히 미루는 버릇을 극복하거나 더 나은 습관을 기르는 것에 관한 책은 아니다. 왜 우리가 이 고약한 습관에 질질 끌려다니는지를 알아내고, 내 몹쓸 행동에 대한 해결책을 만들어내는 것이 목표다. 미루기는 모호하고 교묘한 마음의 행동인 것은 맞지만, 그렇게 어렵고 복잡한 문제는 아니다. 미루는 버릇이 작동하려고 할 때의 심리를 이해한다면 오래된 습관에도 엄청난 변화가 생길 것이다. 그리고 미루는 버릇을 극복하기 위해 매일매일의 행동을 계획하고, 자신만의 프로그램을 만들어내면 당신은 인생에서 최고로 괜찮은 버전의 당신이 될 것이다. 그게 어떤 모습일지 아직은 모르더라도 말이다.

변화할 때가 되었다. 당신의 삶을 소모하게 한 싸움, 즉 미루는 습관과의 싸움에 지지 않고 승리해내기 시작할 때다. 당장 시작하자. 인생은 당신을 기다려주지 않는다.

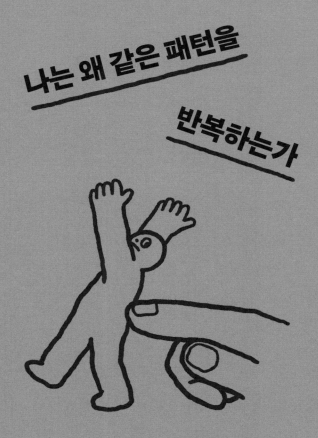

1부

나는 왜 같은 패턴을 반복하는가

미루는 사람의
10가지 특징

"미루는 것은 게으름 때문이 아니다. 두려움 때문이다.
그것을 인정하고 자신을 용서하라"
— 줄리아 캐머런Julia Cameron

이 책은 당신이 미루는 습관을 잘 다루고 이겨내는 시스템을 만들 수 있도록 도움을 주기 위해 썼다. 미룬다는 것이 복합적인 문제인 것은 맞지만, 그다지 복잡한 문제는 아니다. 미루는 버릇이 작동하려고 할 때 당신이 선호하는 대응 전략이 무엇인지 발견할 수 있다면 오래된 습관에도 상당한 변화가 생길 것이다.

이 장에서는 당신이 일을 미룰 때마다 어떤 대응 방식을 보이는지 알아볼 것이다. 자신이 중요한 일들을 어떻게 미루는지 스스로 깨닫게 되면, 문제를 방지하는 효율적 전략을 세울 수 있다. 당신이 자신에게 물어야 할 질문은 이렇다. "다음번에 뭔가를 미루는 자신을 발견했을 때 어떻게 대응할 것인가?" 패턴이 어떻게 시작되는지 알게 된다면 방향을 전환하는 데 필요한 통찰을 할 수 있다.

이어지는 리스트를 읽으며 자신만의 고유한 대응 방식을 파악해보자. 파악이 제대로 되면 당신이 미루는 성향에 기대려고 할 때 머릿속에 경고등이 깜빡일 것이다. 이 리스트를 쭉 읽고 당신이 자신에게 가장 자주 적용하는 방식을 세 가지 꼽아보라. 미루고자 하는 욕구가 생길 때 당신이 어떻게 생각하고 행동하는지 각 방식에 1에서 10까지 점수를 매겨보라. 도움이 될 해결책도 함께 제시했다.

대응 방식의 종류

❶ 자신을 고립시킨다

자신이 얼마나 심하게 미루는지 남들이 알지 못하게 하고 다른 사람들을 피한다. 예를 들어, 겉으로는 개인 사업을 거뜬히 운영할 수 있는 척하지만 자기만 볼 수 있는 회계장부는 엉망진창인 상황과 같다. 이런 불균형이 심해질수록 사업을 운영하는 일을 더욱 꾸물거리게 된다.

자기 고립은 다루기가 다소 까다로운 대응 방식이다. 자기 스스로가 미루고 있다는 점을 잘 알고 있기 때문이다. 그러므로 앞으로 나아갈 수 있도록 도와줄 효과적인 수단이 필요하다. 그렇지 않으면 패배감과 수치심에서 도망치기 위해 동굴 속으로 혼자 숨어버릴 테니까.

고립을 택하는 사람들은 자신의 취약성에 담을 둘러쌓아서 약점을 방어한다. 그리고 자신이 가짜라는 것을 들키지 않으려고 한다. 그러나 자기 고립은 오히려 약점을 더 강화시킬 뿐이고 결국 감정의 탈출 포인트가 되고 만다. 두려움이 생기면, "도망쳐!"로 반응하는 것이다.

솔루션 자기 고립 상태에서 회복되려면 다음의 사항을 익혀야 한다. 첫째, 필요할 때 사람들과 접촉해야 한다. 둘째, 혼자여야 할 때 혼자일 수 있어야 한다.

자기 고립은 자신에게 내리는 처방으로 너무도 자주 쓰인다. 그러나 이렇게 할수록 진실과는 더욱더 멀어지게 될 뿐이다. 우리는 다른 사람들에게 자신의 취약성을 드러냄으로써 성장할 수 있다.

❷ 엉뚱한 곳에 관심을 둔다

완료해야 하는 과제와 상관없는 행동을 하면서 주위를 흩뜨린다. 급한 일을 하지 않고 갑자기 인스타그램에 들어가 스크롤을 내리거나, 당장 하지 않아도 되는 집안일을 하는 행동 등이 포함된다.

일하고, 의사소통하고, 세상과 상호작용을 하다 보면 주의가 산만해지는 것은 당연하다. 그런데 당신이 신경 써야 할 주의산만의 요소는 당신의 마음과 관련되어 있다. 그곳이 주의산만이 시작되는 지점이다. 예를 들어, 당신을 산만하게 하는 것은 스마트폰이 아니라 그것에 주의를 돌리고 싶은 충동이다. 먼저 마음이 그것에 대해 생각하고, 당신이 그렇게 행동하는 것이다.

솔루션 주의를 산만하게 하는 외부 자극의 목록을 만들어보라. 뭔가를 확인하거나 딴짓을 할 때마다 그것이 무엇이었는지 기록하라. 당신을 딴짓으로 유도한 감정은 무엇이었는가? 불안함인가, 지루함인가?

당신의 주의산만 영역을 밝혀낸다면 그것을 차단할 수 있다. 자각하는 것이 핵심이다. 전자 기기, 소셜 미디어 같은 것들이 당신의 트리거(촉발 지점)라는 것을 안다면, 좀 더 구체적인 대책을 세울 수 있다.

❸ 남들과 비교한다

미루는 습관을 다른 이들의 문제와 비교하거나, 현재 한 행동을 별일 아닌 것으로 만들기 위해서 과거의 행동을 정당화한다. 다른 사람들도 다 어느 정도는 미루는 행동을 하는데 나라고 다를 것 없다는 식으로, 내가 꾸물거리는 정도는 그런대로 괜찮은 수준이라고 믿으면서 합리화한다.

솔루션 자신의 고유한 속도로 자신의 경주를 하라. 다른 이들이 미루거나 꾸물거린다 해도, 그건 그들의 사정이다. 그들과 비교하기 시작하면서 "괜찮아, 저 사람들도 그러잖아."라고 하는 것은 스스로 한계를 설정하는 것이다.

어제의 나보다 오늘의 내가 더 나은 사람이 되는 데 집중해야 한다. 자신을 비교의 덫에 빠트려버린다면, 초점은 자신이 아닌 그들에게 맞춰질 것이다. 미루기를 그만하고 해야 할 일을 할 수 있게 만드는 전략에 초점을 맞춰야 한다.

❹ 감정을 느끼지 않는 척한다

자신이 실제로 신경 쓰는 정도를 축소해서 생각함으로써 감정적 거리 두기를 시도한다. 면접에서 떨어져도 상관없다며 쿨한 척하거나 태평한 듯이 말하는 것이 그 예가 될 수 있다. 혹은 거절당하는 것이 두려워 상대에게 다가가기를 피할 수도 있다. 친구가 "어떻게 됐어?"라고 물을 때 "그 여자 별로인 것 같아."라고 말하는 식이다.

우리는 때로 거절을 각오해야 하거나 실패할 위험성이 있을 때 그것을 피하기 위한 수단으로 미루기를 사용한다. 도전하고 시도하는 대신, 별일 아닌 것으로 여기며 기회를 날려버리는 것이다. 그러나 막상 당신의 마음속을 들여다보면 그 안에는 상실감이 도사리고 있다.

솔루션 누구에게나 실패는 두렵다. 하지만 이런 질문을 던져보면서 두려움을 극복하는 연습을 해보면 어떨까? "실패하지 않는다는 걸 미리 안다면 어떻게 행동할까? 거절당하지 않으리라는 걸 미리 안다면 뭐라고 말할까? 누구에게 접근해서 무엇을 요청했을까?"

거절당하는 것은 좋은 일이다. 당장은 안 된다고 하더라도 앞으로 계속해서 시도할 기회가 생기는 셈이기 때문이다. 모두에게 언제나 열린 마법의 문 따위는 없다. 인생에서 기회란 자주 찾아오지 않는다. 기회를 무시해버리면서 자신의 중요성과 자존감을 깎아내리지 말자.

❺ 미루는 것이 아니라고 부정한다

해야 할 일은 안 하고 쓸데없는 짓을 하면서도 안 미루는 척을 한다. 친구에게 전화를 하거나 사람들에게 문자를 보내면서 '동기부여 좀 받으려고' 연락을 취하는 게 그 예다. '이거 시작하기 전에 스티븐한테 전화해야 해.'라고 생각하고는 친구와 몇 시간을 통화하느라 시간을 보내버리는 식이다.

솔루션 당신은 직관적인 사람이다. 뭔가를 미뤄두고 있을 때, 그걸 무시하고 싶어도 사실 알고 있다. 자신 안에서 불안함이라는 깃발을 들어 올리는 목소리를 들어라. 불안은 어떤 특정한 일에 대해 생각할 때 작동한다. 예를 들어, 작성해야 할 서류가 있는데 그걸 볼 때마다 불안감이 느껴진다면, 그건 지금 그 일을 해야 한다는 의미다.

부정은 집중력이 흩어졌을 때 생기기 쉽다. 그런데 부정은 불안한 생각들을 휘저어서 당신을 '지금 당장' 하도록 내몰기도 한다. 이 느낌에 주의를 집중하라. 5분만 앉아서 그 생각을 살펴보라. 당신이 피하고 있는 그것에 5분만 투자해보라.

❻ 회피한다

자신이 미루고 있는 일과 관련된 것이라면 뭐든 피한다. 예를 들면 해야 할 일은 안 하면서 컴퓨터에 탭을 27개 열어두고 왔다 갔다 할 수 있게 해놓는 것이다. 우리는 이 책 전체에 걸쳐 회피에 관해 이야기할 것이다. 일을 피하지 않게 만드는 최선의 전략으로 당신을 무장시켜주겠다.

솔루션 미루는 행동은 자신이 해야 할 일에서 관심을 돌리면서 시작된다. 생각에 주의를 기울여라. 집중이 흐트러지기 전에 '이거 확인해야지.' 혹은 '저걸 해야지.'라는 생각이 들게 될 것이다.

5분만 시간을 내서 눈을 감아라. 해야 하는 일이 뭔지 생각하라. 이 시간을 매일 아침이나 저녁의 습관이 되게 하라. 그 순간에 머물면서 자신의 일을 겨냥하는 데 완전히 몰두하라. 의도적으로 행동하기를 회피하는 그 순간, 자신을 저지하는 그 감정을 찬찬히 살펴보라. 실패에 대한 두려움인가? 변화에 대한 두려움인가? 아니면 그저 안락함에서 벗어나기 싫다는 감정인가?

나는 이 책을 통해 여러분이 산만해지려고 할 때 어떻게 하면 거기에 끌려가지 않고 스스로 마음을 다스릴 수 있는지 알려주고자 한다. 산만함이란 별로 중요하지 않은 일을 거의 관성적으로 하면서부터 시작되는데, 그것도 당신이 그러기를 '선택'했기 때문에 벌어지는 일일 뿐이다.

현재의 순간을 관찰하는 데서부터 시작하라. 나는 갑작스러운 충동에 대응하지 않도록 마음을 다스리고 강화할 수 있는 명상 기술을 활용한다. 명상하는 동안에는 미루고 싶은 일을 해버리는 내 모습을 시각화해본다. 5분간 명상을 마치면 바로 내가 해야 할 일에 작은 한 걸음을 내디뎌본다.

❼ 미루는 자신을 희화화한다

할 일을 미루는 것에 자부심을 느끼거나 그런 척한다. 예를 들면 친구들에게 시험 보기 전에 얼마나 공부하기를 미뤘는지 자랑스레 말하는 식이다.

"난 정말 미루기 대마왕이야!"라며 이 행동이 재미있는 것이자 칭찬받을 일이라는 듯이 여기는 것이다. 표면적으로는 그 일을 가볍게 넘기는 것 같지만, 속으로는 자신을 패배자라 여기고 자괴감에 시달린다.

솔루션 당신은 미루기 대마왕이 아니다. 미루는 것은 행동일 뿐이고, 당신은 그것을 바꿀 수 있다. 나중에 이 그릇된 자기 인식을 벗겨낼 수 있는 전략에 대해 제대로 살펴볼 예정이다.

"난 미루기 대마왕이야."라고 말하는 자신을 발견할 때마다 당신이 맡은 배역을 연기하고 있다는 사실을 기억하기 바란다. '미루기 대마왕'이라는 배역을 수행하다 보면, 당신은 계속해서 이 역할을 하게 될 것이다. "나는 행동파야!" 같은 대사로 바꿔보라. 더 행동하고 덜 움츠리게 될 것이다.

❽ 공상에 빠진다

실제 성취한 것이 아닌 성취할 수 있었던 것을 생각한다. 그러면서 나중에는 달라질 거라는 막연한 긍정을 반복한다. 사실이는 모든 사람이 장기적으로든 단기적으로든 현재의 자신과 미래의 자신 사이에서 고군분투하고 있는 싸움이라 할 수 있다.

예를 들어, 지금 세우고 있는 모든 목표와 거창한 계획에 관해 이야기한다. 그렇게 하면 매우 생산적이며 영향력과 추진력이 있는 것처럼 보일 것이다. 그러나 아무도 듣거나 보지 않을 때면 아무것도 안 하면서 TV를 보거나 성공을 하는 공상에 빠져버린다.

꿈을 실제로 좇으며 사는 대신에, '꿈처럼 사는' 패턴에 빠진다. 계속해서 "나중에 꼭 할 거야."라고 말하는 한, 당신은 꿈을 현실로 만드는 어떤 일이든 계속해서 미룰 것이다.

(솔루션) 한 번에 하나의 목표에 집중하라. 작은 목표를 세우라. 당신을 압도하는 큰 목표에 전념하는 것을 피하라. 그러지 못하면 성공해야 한다는 스트레스나 압박감을 느낄 때, 그리고 성공하지 못했을 때, 다시 회피하는 습관에 빠질 것이다.

예를 들어 당신의 목표가 멋진 몸을 만드는 것이라면, 아침에 팔굽혀펴기 다섯 개를 하거나 5분 정도 달리기를 하는 것으로 시작하라. 작은 승리를 빨리 얻을 수 있을 만큼 목표를 작게 만드는 것이다. 그다음 주에는 팔굽혀펴기 10회, 혹은 10분 동안 달리기까지로 늘려본다.

❾ 상황 탓을 한다

미루는 이유를 통제할 수 없는 외부적 상황이나 남 탓으로 돌린다. 체육관이 일주일 동안 문을 닫아서 운동을 시작할 수 없다고 주장하는 것이 이에 해당한다. 연체된 주택담보대출 문제를 바로 해결할 수 없는 이유가 은행이 지금 점심시간인 데다 다른 고객들 때문에 바쁠 것이기 때문이라고 둘러대는 식이다.

외부적 요인을 탓하는 변명들은 설득력이 있다. 하지만 무언가를 할 방법은 항상 존재한다. 당신은 왜 할 수 없는지에 대한 가장 좋은 변명을 찾는 것에만 유능해져 있다. 힘든 일을 피하려고 자신을 길들인 방법의 하나이다. 당신은 변명을 하고는 증거를 통해 그것을 입증하기도 한다. 어떻게든 최대한 나중으로 미룰 수 있도록 만반의 준비가 되어 있는 것이다. 당장 지금만 아니면 된다는 식이다.

솔루션 외부 상황은 탓할 게 못 된다. 그것은 마음속에 있는 게임일 뿐이고, 이기는 방법은 게임을 그만두는 것이다. 당신의 마음이 다음 게임을 시작하려고 할 때, 어떤 변명에도 빠져들지 않겠다고 지금 당장 결심하라.

예를 들어, "지금 은행에 전화는 못 해도 온라인 문의는 할 수 있어.", "청소 세제를 사기 전까지는 욕실 바닥 청소는 못 해도, 거울이랑 욕조는 닦을 수 있어." 혹은 "운동하러 시내로 갈 건데, 자전거는 고장 났지만 중간까지 버스를 타고 나머지는 달리면 돼."라고 할 수 있다.

취할 수 있는 가장 작은 행동으로 세분화하라. 프로젝트나 과제를 100퍼센트 완수할 수는 없더라도, 무슨 일이라도 할 수는 있지 않은가?

❿ 자기혐오에 빠진다

미루거나 목표를 달성하지 못한다고 자신을 비난한다. 예를 들어 TV를 몇 시간 동안 보고는 아무것도 할 의욕이 없는 것에 대해 스스로 죄책감을 느끼는 것이 이에 해당한다.

자신의 실수에 집착하고, 자신이 얼마나 미루는지 끊임없이 생각하며, 그러고 나서는 자신이 게으르다는 사실에 죄책감을 느낀다. 자신이 무가치하다는 느낌을 희석하려고 정크 푸드를 먹기 시작하고 자기혐오에 빠져들기도 한다.

솔루션 치유의 여정은 책임감을 통제하는 데서 시작된다. 자신의 미래를 스스로 잘 움켜쥐고 자기 주도적 역할을 하나하나 해나간다면, 자기혐오는 사라진다. 이제 당신은 자기 삶을 책임질 수 있는 사람이다. 스스로 인생을 책임져야 기회를 얻고 성장할 수 있다. 언제나 되고 싶어 했던 모습을 떠올리며 자신을 자극하는 메시지를 적어보라.

당신은 지금 정말로 너무 바쁜가,
아니면 절대로 오지 않을 완벽한 순간을
기다리고 있는가?

쉬운 일만 하면
벌어지는 일들

"만약에와 언젠가를 땅에 심었는데,
아무것도 자라지 않았다."
– 속담

      힘든 일 먼저 하기를 미루면서, 나는 내 인생을 거의 망칠 뻔했다. 이 말이 극단적으로 들리겠지만, 뭔가를 회피하면서 우리는 건강, 시간, 돈, 커리어와 명예를 희생시키고 있다. 이는 재앙으로 이어진다. 힘들고 불편한 일을 피하면 당장은 만족감이 들지만, 그에 따르는 장기적인 결과는 두려움과 후회, 불안으로 가득 찬 삶을 사는 것이다. 논리적이지 못한 흐름인데도, 만성적으로 미루는 사람은 힘든 일을 미루고 또 미룬다.

쉬운 일을 택하는 경향이 생기면,
장기적인 성공을 추구하기보다는
즉각적인 만족을 선호하는 습관을 갖게 된다.

좋아하지 않는 힘든 일을 피하겠다는 이유로 그 대가를 치를 때, 나는 이것을 '극단적인 미루기'라고 부른다.

그러면 왜 힘든 일을 하기는 그토록 힘들까? 동기가 부족한가? 그냥 게으른 것인가? 우선순위를 재설정해야 할까? 실패가 두려워서인가? 정답은 이를 모두 다 합친 것이다. 힘든 일을 피하려고 열심히 노력하는 당신의 그 태도가 바로 장애물이다.

극단적인 미루기에 의지함으로써, 당신은 나중의 안락함보다 지금의 안락함을 선택한다. 지금 놀고는 나중에 대가를 지불하는 것이다. 탈출하기로 선택하면 일을 지금 당장 끝내야 한다는 압박감은 없어지지만, 끝나지 않은 일에 대한 부담감을 내내 지고 다녀야 한다. 이 부담감은 당신의 자존감, 자신감, 자기효능감을 옭아매는 무거운 족쇄가 되어 당신을 아래로 끌어내린다. 이런 식으로 살면 엄청난 대가를 치러야 한다. 그 청구서가 당신에게 오고 있다. 하지만 아직 늦지 않았다. 당신은 이런 자기 파괴의 형태를 바꿀 수 있다.

당신은 힘든 일을 피하면서, 덜 중요하고 덜 매력적이며 덜 힘든 일을 하기로 선택한다. 힘든 일을 하는 것에 대해 생각하고, 그 일을 왜 할 수 없는지 변명거리를 만드느라 시간을 보낸다. 갑자기 그 일을 할 시간이 생기면 다른 일로 바쁘다. 그런데 왜 그 일을 하지 않고 생각만 하는가? 왜 삶에 긍정적인 추진력을 가져오고 당신을 에너지와 열정으로 가득 채우는 일을 피하는가?

이는 위험에 대한 두려움에서 시작된다. 불을 피하는 이유는 덴다는 걸 알기 때문이다. 맹수를 보고 달아나는 이유는 잡아먹힐 수 있기 때문이다. 힘든 일에 대한 당신의 감정이 이 같은 심리다. 그런데 힘든 일을 한다고 육체적으로 화상을 입거나 잡아먹히지는 않는다. 그런 위험이 없는데도 당신은 일을 미루면서 초가삼간을 태우고 있는 격이다. 나는 사람들이 파산하고, 직장을 잃고, 심각한 상황에서 우정을 잃거나 관계를 망치는 것을 수없이 지켜봤다.

당신은 자신을 조금씩 미워하게 된다. 당신이 느끼는 건 사실 실패에 대한 두려움인데도, 자신에게 동기부여가 부족하다고만 생각한다. 만일 노력했는데도 실패한다면 무의식적으로 게임이 끝났다고 믿는다. 사람들을 실망시킬 테니 유일한 대안은 하지 않는 것이라 믿는다. 그래서 그것을 '할 일' 목록에 남겨두고, 완료되지 않은 채로 계속해서 자신의 주위를 떠돌게 한다.

당신은 원래의 신조를 따라, 순간적인 희열을 쉽게 경험할 수 있는 일들에 먼저 몰두하게 된다. 그 유혹은 이해한다. 항상 나중이란 게 있다. 언제나 내일이 있고, 내일이 오면 또 다른 날이 있다. 당신이 오늘 피하고 싶은 것들을 할 수 있는 또 다른 날이 온다는 걸 보장할 수 있다면 삶이 얼마나 단순하겠는가. 그러나 실제로 차이를 만드는 중요한 일들은 뒷전으로 밀려나 있다. 중요한 프로젝트는 완료되지 않은 채 남아 있고, 중요한 서류는 제출되지 않았으며, 부서진 것들은 부서진 채 그대로 있다.

정말로 잘못된 생각이다. 우리의 마음이 어떻게든 힘든 일을 오늘 하는 것보다 내일 하는 것이 낫다고 설득한다면, 그것이 바로 우리가 밝혀야 할 첫 번째 거짓말이다. 미래에 어떤 사람이 되고 싶은지 자신에게 솔직해지자. 희망이 없다거나, 자신이 특별한 케이스라고 생각하지 말길 바란다. 나는 이제껏 최악의 상황을 많이 봤다. 거기엔 내 상황도 포함된다. 그리고 나는 모든 이가 오래된 행동에서 벗어나 새로운 습관을 만들고,

변화할 수 있다는 것을 경험해왔다. 우리도 마음만 먹으면 충분히 그렇게 할 수 있다.

나는 초등학교에 다닐 때 학업에 어려움을 겪었다. 그때 즉각적 만족의 기술을 터득했다. 금요일 밤에 숙제를 구석에 던져놓고는, 일요일 밤이나 월요일 아침 수업 직전에 끝내려다 애를 먹곤 했다. 이것이 습관이 되어서 결국 숙제를 완전히 그만두게 되는 상황에 이르렀다. 누구나 마지막 순간까지 숙제를 남겨놓았던 적이 있다는 걸 나도 안다. 그리고 그건 그리 큰 문제가 아닐지도 모른다.

하지만 그런 식으로 몇 년이 지나면, 뛰어난 학생이 될 수 있었던 아이는 진도 따라가기에 급급한 학생이 되어버리고 만다. 억대 연봉을 받는 중역 자리를 차지할 수 있는 사람이 매번 승진에서 미끄러지는 초라한 직장인이 된다. 당신이 정말 원했던 업무는 성장을 위해서라면 힘든 일도 기꺼이 하는 사람의 몫으로 돌아간다. 결국 당신은 하고 싶지 않은 일을 하게 되는 것이다. 그저 고약한 습관처럼 보이는 것들이 사실은 당신에게 끈덕지게 달라붙는 자기 패배의 패턴이라 할 수 있다. 그렇다. 뒤로 미뤄놓고 힘든 일을 마지막에 하는 나의 습관은 초등학교 때에만 국한된 것이 아니었다. 나는 몇십 년이 지나고 나서야 그것이 내 인생을 망친 결정적 요인이라는 걸 알게 되었다.

　엉성한 재정 관리, 정리되지 않은 보고서나 신청서, 반 정도만 진행하고 남겨두어 급하게 마무리해야 하는 프로젝트들. 사람들과 연락하는 것을 미루었더니 나중에는 인간관계가 위태로워졌고, 돈을 제때 납부하지 않는 바람에 신용 점수도 떨어졌다. 그 결과로 얻은 것은 스트레스, 불면증, 자괴감, 그리고 삶의 기본적인 일을 해낼 수 없다는 무력감이었다. 나는 내가 왜 일을 끝내지 못했는지 설명하기 위해 이런 핑계를 대곤 했다.

- "아, 오늘이었나요? 다음 주까지인 줄 알았어요." (이메일로 마감 기한을 여러 번 안내받았음에도 불구하고)
- "네, 지금 마무리 중입니다." (아직 일을 시작도 안 했는데도)
- "이번 주 내내 아파서 못 했어요." (하나도 안 아프고 멀쩡한 상태에 TV만 봤는데도)
- "한 번도 해본 적 없어서요." (사실은 못 할까 봐 두려운 마음에 배울 생각도 없으면서)
- "지금은 시간이 없어서 못 해요." (어제는 테니스를 치며 시간을 보냈는데도)

　변명 리스트는 끝이 없다. 그러나 미루기를 반복적으로 너무 많이 사용해온 나머지, 당신에게 미루기란 그저 습관일 뿐 아니라 삶의 방식이 되었다. 당신은 이를 너무 잘 터득해서 자신이 지금까지와는 다른 사람(힘든 일을 먼저 하는 사람)이 될 수 있다는 생각 자체를 하지 못한다. 마치 그런 생각은 의욕이 가득하고, 똑똑하고, 대단한 사람들만 하는 것이라는 듯이.

이제 힘든 일 목록을 훑어보면서, 이 일들을 하지 않았을 때 치러야 할 대가에 대해 생각해보라. 다음은 주의를 기울여야 할 다섯 가지 주요 영역이다.

❶ 업무

이 프로젝트에서 진전이 없으면, 나를 전적으로 신뢰하는 동료들과 상사를 실망시킬 것이다.

❷ 관계

아내와 미래에 관한 대화를 나누지 않으면, 아내는 화목한 가정에 대한 기대를 접고 가정 밖에서만 즐거움을 찾을 것이다.

❸ 건강

건강에 신경 쓰지 않으면 살이 찔 것이고, 병이 들 것이다. 아프면 일을 제대로 할 수 없고, 생산성이 떨어지고, 에너지가 부족하고, 삶이 정체될 것이다. 나는 그렇게 되고 싶지 않다!

❹ 자금 관리와 투자

10년을 일했는데 은행 잔고가 100달러뿐이다. 오늘 저축을 시작하지 않으면, 10년 후에는 돈이 없는 채로 10년 더 늙어 있을 것이다.

❺ 개인 생산성

파일을 정리하지 않으면, 엉망진창이 되어서 아무것도 찾지 못하게 될 것이다. 이는 정신적 피로로 이어질 테고, 내 삶에 불안감을 조성할 것이다.

쉬운 일만 선택해온 내 인생

미루는 이들은 중요하지 않은 일을 우선시하고 먼저 해야 할일의 중요성은 간과한다. 미룬다는 것은 무언가를 미래로 넘겨버리는 행위다. 그저 일이 재미없거나 지루하기 때문에, 아니면 그냥 미뤄도 되는 상황이라서 일을 지연시키는 것이 이에 해당한다. 어떤 것을 완전히 포기하는 것이 아니라 나중으로 미루면, 자신이 뭔가를 그럭저럭 해나가고 있다는 착각에 빠지게 된다. 그러나 아무리 대수롭지 않게 보이더라도, 나중에 중요한 작업을 수행하려고 할 때는 결국 그 대가를 치르게 된다. 시작하고 싶어도 할 수가 없게 되는 것이다. 여기 이것을 잘 보여주는 사례가 하나 있다. 나의 자기 파괴적 시도에 관한 실제 이야기다.

몇 년 전, 나는 신용카드 청구서를 받았다. 그리고 얼마 지나 딱 한 번 쓴 새로운 신용카드 청구서도 받았다. 합계는 600달러였다. 별문제 없었다. 돈이 있었으니까. 하지만 이 카드는 은행 계좌와 연동해놓지 않아서 돈을 지불하려면 시내 한복판을 가로질러 은행에 가야 했다. 너무 귀찮은 일이어서, 청구서를 구석에 던져두고는 생각했다. '금요일에 해야지.' 금요일이 되자, 다른 할 일들이 생겼다.

청구서는 내가 던져둔 곳에 그대로 있었고, 한 달이 지나자 카드사에서 독촉장을 보내왔다. 나는 이것 역시도 구석에 던져둔 채 말했다. "이번 주엔 할 거야." 하지만 하지 않았다. 독촉장이 또 날아왔다. 나는 이것을 벽에 붙여놓는 대신, 더 많은 변명을 했다. 이제껏 청구서를 잘 지불해왔는데, 별일 있겠어? 변명은 그럴듯했다. 나는 너무 바빴고, 어떻게든 나중에는 하려고 했다.

내가 무언가를 미루고 싶을 때는 언제나 '나중'이라는 게 있었다. 이번 주 안에 더 완벽한 날, 더 좋은 시간, 더 편안한 날이 오리라 생각하는 것이다. 나는 지금 일본에 살고 있다. 모든 것이 일본어로 되어 있다. 나는 읽을 수 있으면서도 속으로는 그들이 요청하는 것을 못 알아듣는 척하면서 멍청하게 굴고 싶어했다. 마침내 더 이상 독촉장이 오지 않았다. 안심했다.

그리고 최종 경고장이 날아왔다.

나는 또 미뤘다. 어떤 조치도 취하지 않았다. 그 일을 마음에서 밀어내고 즉각적인 만족을 불러일으키는 더 '흥미로운' 활동으로 그 공간을 채웠다. 내가 받은 마지막 편지가 우리 집을 덮쳤다. 카드가 취소됐다. 계좌도 사라졌다. 남아 있던 다른 카드도 취소되었다. 그 회사는 연체된 계좌와 관련된 모든 걸 취소했다. 이 모든 게 내가 600달러를 지불하기 위해 시내를 가로질러 운전하지 않았기 때문에 벌어진 일이었다. 그전에는 항상 카드값을 지불했고, 대출금도 잘 갚았으며 채권자의 전화를 받은 적도 없었다.

하지만 이번 경우는 달랐다. 이건 의도적인 자기 파괴 행위였다. 피할 수 있는 일이었다. 나는 곧바로 후회했다. 창피했고,

40

죄책감에 사로잡혔다. 어떻게 이런 일이 일어났지? 어떻게 나한테 이럴 수 있지? 폭포를 피하다 강 아래로 너무 멀리 떠내려온 뗏목처럼, 연체는 재앙을 불러왔다. 대가를 치른 것이다. 내 통제 범위를 벗어날 때까지 미루고 또 미뤘으니 이건 단지 신용카드가 취소된 것에서 끝나는 이야기가 아니다. 그 이후로 수년에 걸쳐 곤욕을 치렀다. 더 이상 신용카드를 사용할 수 없었고, 대출도 받을 수 없었으며, 해외로 여행을 가면 현금이나 직불카드를 사용할 수 있는 호텔을 찾아야만 했다. 내가 나 자신을 망쳐버린 것이다.

그런데도 나는 같은 패턴을 유지했다. 나는 나를 인질로 잡고 있던 습관에 갇혀 있었다. 그건 '나중에 하고 지금은 놀자'라는 습관이었다. 할 일을 미루고는, 그 일이 존재하지 않는 것처럼 외면하곤 했다. 다른 일들도 계속해서 미뤘다.

내가 미룬 것들은 예를 들면 이런 것이다.

- 세금 신고 (마지막까지 미룬 다음, 벌금을 내면서 기한을 연장하곤 했다)
- 아이들의 해외 여권 신청 (결국 아이들을 해외에 데려가지 못했다)
- 비즈니스용 온라인 금융 계좌 만들기 (결국 비용 추적을 할 수 없었다)
- 시간 내서 글쓰기 (결국 거의 1년 동안 아무것도 출간하지 못했다)

- 침실 문고리 수리하기 (3년 동안 망가진 채로 있었다)
- 아내와 함께 아이들의 미래에 관해 이야기하기(나는 이것을 오랫동안 후회하게 될 것이다)

이것들은 내게 '힘든 일' 목록에 들어갈 만한 일들이었다. 힘든 일을 나중으로 미루면 결국 실패를 각오해야만 한다. 많은 이에게 이것은 단순히 나쁜 습관이기만 한 것이 아니다. 자멸적이고, 문제를 키워 비참한 결과를 초래하는 행동이다. 습관은 고칠 수 있지만, 나쁜 습관을 고치기 위해서는 그 습관에 대해 깨달아야만 한다. 그래야 그 습관을 계속해서 써먹는 것을 멈출 수 있다.

결국 핵심은, 힘든 일을 미루는 습관이란
그저 반복되는 패턴일 뿐이라는 점이다.
우리는 그 패턴을 깨뜨려야만 한다.

우리는 두려워서
시작하지 못한다

"미루는 습관은 두려움의 게으른 사촌이다. 우리는 해야
할 일에 대해 불안감을 느낄 때 그것을 미룬다."
— 노엘 핸콕Noelle Hancock, 『엘리너와 함께한 한 해』 중에서

미루는 습관에서 두려움은 강력한 역류 효과가
있다. 두려움은 당신을 빨아들이고 끌어내린다. 당신을 나아가
지 못하게 하고, 실패하거나 위험을 감수하거나 감당하기 벅찬
모든 행동을 두려워하게 만든다. 모든 미루는 행동 이면에는
두려움이 숨겨져 있다. 미루는 사람들은 은연중에 게으르다고
여겨질 때가 많다. 이는 사실과 거리가 멀다. 내가 아는 습관적
으로 일을 미루는 이들은 대개 근면하고 똑똑하며 매사에 최선
을 다하려고 노력한다.

나는 당신을 개인적으로 알지 못하지만, 당신이 직장이나 가정에서, 개인적 성장을 위해 최선을 다해 성실히 일하는 사람일 거라고 생각한다. 당신은 자신의 가치와 시간을 극대화하고, 자신과 꿈 사이를 가로막는 두려움에서 벗어나고 싶어 할 것이다. 더 이상 과제를 회피하지 않는 연습을 하는 것은 당신이 원했던 모든 것에 대한 장벽을 무너뜨리는 과정이라고 할 수 있다. 힘든 일을 하는 것에는 다음과 같은 다섯 가지의 핵심적인 두려움이 존재한다.

- **전념에 대한 두려움**
- **실패에 대한 두려움**
- **불확실성에 대한 두려움**
- **의사결정에 대한 두려움**
- **피드백에 대한 두려움**

이 두려움 목록은 당신이 행동하기를 미루는 모든 이유를 알려준다. 당신의 목표는 두려움에 기반한 과거와 단절하는 것이다. 그리고 스스로 부과한 한계의 안락함에서 벗어나 앞으로 나아가길 간절히 원하는, 새로운 버전의 해방된 당신으로 거듭나는 것이다. 마음속에 흐르는 변명을 일일이 확인한다면 이를 통제할 수 있다. 당신은 그것이 당신에게 주는 메시지를 다시 쓰도록 마음을 훈련해야 한다. 두려움을 하나하나씩 풀어나가자. 이렇게 하면 정신적 능력이 자유로워지며 긍정적인 방향으로 마음을 다져나갈 여지도 생길 것이다.

1. 전념에 대한 두려움

두려움은 우리를 '아무것도 안 하면서 최선의 결과를 바라는' 상황에 갇히게 한다. 마감을 미루고 있을 때면, 나는 달리기 경주에서 혼자 출발선에 서 있는 듯한 착각에 빠진다. 다른 사람들은 이미 코스에 진입해 결승선을 향해 맹렬히 질주하고 있다.

반면 나는 지는 게 너무 두려운 나머지 그냥 뒤에 남아 있다. 아무것도 하지 않는 것이 무언가를 하고 실패하는 것보다 낫다고 생각해서다. 이곳이 바로 힘든 일을 하는 것에 대한 두려움이 시작되는 지점이다. 당신은 미래의 불특정한 어느 시간에 미뤄놓은 일을 하겠다고 자신과 약속하면서 완전한 자멸을 선택한다.

당신은 지금은 아니지만, 곧 할 거라고 한다. 언젠가, 나중에, 해야겠다는 생각이 들 때. 그러나 내면의 목소리가 속삭인다. "사실이 아니라는 걸 알잖아……."

달리 말하면, 사실 할 의도가 없는데도, 할 일 목록에 있다고 자신에게 말하는 동안은 그 거짓말을 믿게 된다는 것이다. 이것은 잘못된 의도에서 나오는 행동이다. 해야만 하는 힘든 일에 전념하기를 두려워하는 마음은 의심과 불확실성의 수렁에 빠져 있다. "시간이 더 필요면 어쩌지? 반쯤 끝냈는데 이게 나와는 맞지 않는다는 생각이 들면 어떻게 하지?"

힘든 일에 전념하는 것에 대한 두려움을 극복하기 위해, 나는 불안감을 일으키는 모든 일을 해결하기로 결심했다. 어려운 사람들과의 진지한 대화, 건드리지도 않은 서류, 없는 척 외면해온 잡동사니 등 평소에 피했던 모든 것을 말이다. 내가 이제껏 꾸며냈던 것들을 허물어버리자, 나를 꽁꽁 싸매고 있던 두려움의 혼돈이 사라지는 듯했다. 나는 진실에 도달하기 위해 자신에게 반복하여 물었다.

"나는 왜 나의 두려움을 보호하고 있는 거지?"

나는 즉시 일기장을 펼쳐 모든 생각을 브레인스토밍했다. 내가 알아낸 나의 대답은 이거였다.

　"중요한 일을 했는데 실패할 수도 있으니까."

　그렇지만 진실은 하나다. 내 일상 및 업무와 관련된 중요한 일을 미루면 결국은 실패하게 되어 있다.

　세스 고딘은 미루는 습관에 대해 다음과 같이 설명했다. "우리는 가끔 시간이 걸리는 일을 하고 있다고 착각한다. 그렇지만 사실 숨어버리는 것이다. 우리는 발뺌을 하고 옆길로 새고 주의가 산만해지곤 한다. 이렇게 하는 이유는 그 일에 필요해서가 아니라 우리의 일을 세상에 내놓기가 두려워서다."

　한 걸음 물러서서 내 작업 습관을 관찰했을 때 모든 것이 명확해졌다. 내가 미루고 있던 모든 일이 내 사업, 내 일상, 내 재정 상태, 그리고 그 사이에 걸쳐져 있는 모든 것을 훼손하고 있었다. 미루는 습관을 만들어냈고, 일을 세상에 내어놓는 것에 대한 두려움을 키워왔다. 나는 이러한 깨달음에 도달한 것이 괴로웠다. 하지만 두려움에 맞서는 법을 배우고 미루는 습관이 삶에 끼치는 피해를 의식적으로 마주하면서부터, 비로소 성장할 여지가 생겼다. 오래된 습관을 끊고 지속적인 변화의 과정에 흠뻑 빠져들면서부터 성장을 시작하게 된 것이다.

당신은 어떤 일을 하기 전에 '동기부여'가 되기를 기다리고 있다. 동기부여가 되거나 하고 싶은 마음이 들면 하겠다고 생각한다. 그러나 미룰 때의 감정은 신뢰할 게 못 된다. 동기부여는 일하면서 생기는 것이고, 진행 중인 업무에 에너지와 흥미를 불어넣을 수 있다면 당신이 찾는 그 영감은 저절로 떠오르기 마련이니까. 당신이 추구하는 동기는 두려움, 의심, 불확실성의 구름 뒤에 숨겨져 있다. 동기는 만들어내는 것이다. 의도적인 행동을 취함으로써 생성되는 것이다.

바쁘게 지냈더니, 일을 시작하는 게 별로 내키지 않을 때마저도 일에 대한 에너지가 늘어났다는 점을 발견했다. 동기 부족은 스트레스, 피로, 과식, 부정적인 인간관계나 직장 생활 등 여러 가지 이유로 발생할 수 있다. 당신이 게을러서가 아니다. 당신은 성공하기를 원하고, 이 일을 하기를 원한다. 바로 행동을 취하기만 한다면 그렇게 될 것이다.

당신은 프로젝트를 시작할 때 압도되는 감정을 느낀다. 그러나 무언가를 하는 것이 앉아서 아무것도 하지 않는 것보다는 언제나 낫다. 행동하는 것은 머리와 몸을 움직이게 해서 어려운 상황을 헤쳐나갈 수 있도록 한다. 바삐 움직여야 할 때라면, 당신이 할 수 있는 가장 간단한 작업을 찾아서 하라. 지금 하는 행동에 확신이 들지 않거나 의도한 결과와 관련이 없더라도 말이다.

이 효과를 잘 보여주는 사례가 있다. 내가 아는 한 직장인은 회의, 이메일, 다시 계속되는 회의 등으로 지치고 일에 의욕을 잃을 때마다 혼자만의 시간을 가지며 동기부여가 되는 일을 찾는다. 바로 크리스마스카드를 쓰는 것이다. 그때가 6월이었는데도 말이다. 그는 곧 있으면 카드를 쓸 때가 온다고 생각한다! 또 다른 친구 하나는 격무에 시달릴 때마다 사무실 보고서를 한데 모아 스테이플러로 찍는다. 이 간단한 작업이 다른 업무로 이끌어준다.

사무실이나 집 주변에는 산만해질 거리가 늘 넘쳐난다. 당신은 너무 많은 산만함에 집중하고 있다. 더 나쁜 것은 산만함이 존재한다는 사실 그 자체보다는, 무언가를 피하고 싶을 때마다 그것을 적극적으로 찾는다는 점이다. 회피를 추구하는 사람은, 그들이 어떤 일을 해낼 수 없는 이유를 밝히는 것을 가장 큰 영광으로 여긴다. 그리고 만일 당신에게 ADHD나 불안 장애가 있다면 그것에 영향을 받을 수도 있다. 그런 경우라면 산만함이라는 것이 당신의 일상에서 자연스러운 부분처럼 보인다. 그러니 주의산만 중독을 극복하기 위해 더 열심히 노력해

야만 할 것이다. 매우 혼란스러운 시대에 살고 있음에도, 우리
는 우리의 마음을 통제할 수 있다.

2. 불확실성에 대한 두려움

가장 마지막으로 결과에 대해 걱정하거나 지나치게 생각하지
않고 무언가를 한 적이 언제인가? 우리가 일을 미루는 핵심 이
유 중 하나는 불확실성에 대한 두려움이다. 우리의 선택 중 많
은 부분이 불확실성에 대한 뿌리 깊은 두려움으로 귀결된다.
그곳은 우리의 안전지대 너머에 존재하는 신비로운 장소다. 그
곳은 불확실성과 변화의 공간이다. 그곳에서 당신이 되고 싶다
고 상상했던 모든 것, 그리고 상상할 수 없는 모든 것이 일어날
수도 있다.

불확실성에 대한 두려움을 받아들이자. 나는 지금 일본에
살고 있지만, 이곳에 오기 전에는 고향인 캐나다에서 안락한
삶을 살았다. 나에게는 떠날 이유가 없었다. 그곳에서 평생 머
물면서 조용한 삶을 즐기며 일할 수도 있었다. 물론 거기엔 아
무런 문제도 없었다. 그러나 결혼할 무렵, 나는 고향을 떠나기
로 마음먹었다. 무언가가 언제나 나에게 저 바깥에 있는 것을

더 많이 경험해보라고 부추겼고, 그것이 무엇인지 찾기 위해서는 떠나야만 한다는 것을 알고 있었다.

그로부터 6개월이 지난 후, 나는 동아시아 지역으로 가는 비행기를 탔다. 일본어도 못 하고 젓가락질도 서툴렀지만 다른 이들은 결코 보지 못할 무언가를 경험하기 위해 아시아로 날아가고 있었다. 도착한 다음 직장을 구했다. 많은 이가 나에게 정신 나갔다고 말했지만, 내 안의 무언가는 내가 꿈처럼 살고 있다고 말했다. 나는 불확실한 것에 대한 두려움을 억누르고 매일매일을 기대 속에서 맞이했다. 가끔 그때 도약을 시도하지 않았다면 무엇을 놓쳤을지 궁금해하곤 한다. 당신이 어떤 행동을 할 때, 그 결과를 예측하려고 한다면 불확실성에 대한 두려움은 항상 걸림돌이 될 것이다. 알려진 것을 예측하기란 쉽다. 그러나 이런 두려움의 이면에는 늘 모호함이 자리한다. 자, 당신이 지구 반대편으로 가야 할 필요까지는 없더라도, 모든 것을 바꿀 수 있는 결정을 미루고 있다면 그것은 무엇인가?

내 친구 데비는 몇 년 동안 끔찍한 관계에 시달렸다. 정서적으로나 육체적으로나 학대에 가까운 관계였다. 친구들이 "왜 안 헤어져?"라고 묻자, 데비는 말했다. "내가 어딜 갈 수 있겠어? 누가 나를 원할까? 적어도 이 관계에서는 내 위치를 알 수 있잖아." 데비는 학대하는 파트너와 헤어진 후 일어날 일이 두려워 주저했다. 그 결과는 끔찍했다. 결국 데비는 그 관계를 끝냈다. 그러고는 몇 달 동안 자존감을 거뜬히 개선한 후 다른 사람을 만나 새 인생을 살고 있다. 데비가 행동하지 않았다면 결코 이런 일은 일어나지 않았을 것이다. 행동의 결과를 정확하게 예측할 수는 없다.

마음이 최악의 시나리오에 고정되면 그것이 미래의 현실이 된다. 당신은 당신의 과거를 바탕으로 가능성을 예측하여 미래를 만든다. "지금까지 해오던 일만 계속하면, 늘 얻던 것만 얻을 수 있다."라는 속담처럼 말이다. 당신이 미루고 있던 것이 갑자기 당신의 관심을 바란다면 어떻게 할 것인가? 무시할 것인가, 아니면 해야 할 일을 하겠는가? 이 질문을 생각하면서 자신에게 물어보라.

아무것도 하지 않으면 어떤 결과가 생길까?
어떤 기회를 날려버리게 될까?

아무것도 안 해도, 별다른 일은 일어나지 않는다. 단기적으로는 그렇게 보인다. 그러나 이것은 착각이며, 자신에게 하는 거짓말이다. 자신에게 물어보라. 새 직장을 구하지 않으면 그 결과는 어떻게 될까? 늘 같은 부정적인 환경에 둘러싸여 늘 같은 일을 하고 같은 장소에 머물면서 내가 잃게 되는 것은 무엇일까? 살아갈 법한 삶이 아닌, 주도해나가고 싶은 삶이 어떤 것인지를 시각화해야 한다. 자신의 삶에 책임을 지고 앞장서야만 인생을 바꿀 수 있다. 그 누구도 당신 일에 개입해서 당신을 위해 최선을 다해주지 않는다.

불확실성의 세계는 당신이 거기에 뛰어들어서, 어떤 사람이 될 수 있는지 발견하기를 기다리고 있다. 하지만 여행을 시작하려면 일단 자신을 믿어야 한다. 나는 항상 미루는 습관과 싸워왔지만, 내가 한 최고의 결정은 항상 내 직감을 믿었을 때 나왔다. 예측할 수 있는 인생을 살 건지, 아니면 내 잠재력의 깊이를 탐구할 것인지 선택해야 한다면 나는 항상 후자를 택할 것이다.

두려움의 반대편에는 불확실성의 세계가 있다. 자신이 정말로 원하는 것을 명확히 하고 두려움을 뚫고 나아가라. 새로운 것을 시도하고 싶지만 아무도 이런 일을 해본 적이 없어서 망설여진다면 그것이 바로 그 일을 해야만 하는 이유다. 단 직감이 당신을 이끌어야만 한다. 직감이 주는 에너지를 잘 활용하고 그것이 당신을 데려가려는 방향을 믿어라.

나의 일상적인 습관 중 하나는 앉아서 20년 후에 내가 어디에 있을지 상상하는 것이다. 나는 불확실한 세계에 뛰어들어 평범하지 않은 삶을 살았기 때문에, 내가 사는 삶을 시각화할 수 있게 되었다. 당신은 어떤가? 미지의 세계로 뛰어든다면 당신은 어디에 있게 될까? 반대로 미지의 세계에 살지 않는다면 당신은 어디에 있게 될까?

3. 불편함에 대한 두려움

힘든 일을 미루는 습관이 나타나는 이유 하나가 있다면 그것은 바로 우리가 '불편함을 피하려고 지나치게 애쓰기' 때문이다. 이러한 장애물을 극복하려면, 당신은 미루고 싶은 마음과 맞서 최전선에서 전투를 벌여야만 한다. 그러려면 불편한 쪽으로 마음이 기울도록 훈련해야 한다.

미루는 것이 습관이라면, 그것은 당신이 이 습관을 뒷받침하는 행동 덕에 편안하게 살아왔기 때문이다. 왜 그렇게 많은 사람이 과거에 살고 있다고 생각하는가? 우리는 왜 우리를 실패로 이끄는 행동에 계속해서 사로잡히는가? 편안함에서 불편함으로 도약하는 것은 두려운 일이다. 하지만 이는 첫 번째 단계에 불과하다. 그 과정에서 더 많은 어려움이 있겠지만, 앞으로 나아가는 한 당신은 용기와 자신감을 키울 수 있다. 한 단계씩 나아갈 때마다 오래된 습관과 행동을 점진적으로 개선할 수 있을 것이다.

변화는 불편을 초래하지만, 그것은 일시적이다. 기대한 결과를 얻지 못해도 결코 포기해서는 안 된다. 사람들은 대개 변화를 받아들이지 못하는 탓에 변화에 실패한다. 불편함에 몸을 기댄다는 것은 삶이 결코 쉽게 설계되지 않았다는 현실을 받아들이는 행위다. 이런 현실을 감당할 수 있다면, 넘어질 것에 미리 대비하는 셈이다.

불편함은 두려움을 동반한다. 우리는 조상들이 위험에서 도피했던 방식과 마찬가지로 두려움을 피하는 것을 선호한다. 그러나 때때로, 용감한 군인은 예고 없이 전투에 임해야 했다. 불편함에 몸을 기울이면 결국 모든 것이 쉬워진다. 더 좋은 것은 당신의 마음 상태가 바뀔 것이고, 감정이 바뀌면 사고방식과 태도도 바뀔 거라는 점이다. 불편함은 도전적이다. 따라서 변화가 쉽지는 않다.

힘든 일을 하는 것은 불편하다. 무시해버리고 싶은 일을 해야만 하니 그렇다. 당신의 계약서에 대해 상사와 대화를 시작해야만 한다. 당신의 서비스나 제품에 만족하지 않는 고객에게 전화를 걸어야만 한다. 그러나 불편하다면, 그것이 성장의 기회가 된다. 성장하고 싶은가, 아니면 현재 위치에 머물고 싶은가? 일이 쉽게 돌아간다면, 습관이나 루틴에 익숙해진 것이다. 당신은 쉬운 길을 택함으로써 쉽게 빠져나왔다고 생각할지 모르지만, 이는 당신의 영향력을 잃게 할 뿐이다.

불편한 일을 하면 미루는 버릇에서 벗어나 일을 진행할 수 있게 된다. 두려움에 맞서 기어를 바꾸고 일에 빠져들어보라. 불편함을 받아들이기 위한 다섯 가지 방법을 소개하겠다. 이것을 루틴으로 만들자. 당신의 마음과 해야 할 일 사이에 있는 저항을 깨자.

❶ 몸을 쓰지 않는 일을 줄인다

몸을 움직이지 않는 습관은 당신의 에너지를 빨아들이고 당신의 시간을 훔쳐 간다. 운동하러 가는 불편한 선택 대신 간식을 먹거나 누워서 TV를 보는 편안한 선택이 이에 해당한다. 다음에 이런 일이 발생하면, 당신이 저항하고 있는 그 일을 5분만 해보라. 아니면 단 2분이라도 좋다. 2분이 지나면 움직임에 탄력이 붙을 것이다.

❷ 가능한 한 작은 단계부터 시작하라

내가 본 사례의 97퍼센트에서, 사람들은 마음속으로 어떤 일을 하는 걸 거부하다가도 첫 번째 작은 발걸음을 내디디면 갑자기 쉽게 느꼈다. 그리고 그것이 쌓였다. 당신은 보고서를 작성해야 한다는 것을 알고 있지만 아직 시작하지 않았다. 사실은 파일이나 서식을 열어보지도 않았다. 그러니까, 그것을 시작하라. 운동을 해야 한다면 운동화를 신어라. 팔굽혀펴기를 딱 3번만 하라. 당신을 움직이게 하는 무언가를 하라. 에너지는 더 많은 에너지를 만든다. 적은 양을 하라. 어떤 일을 너무 크게 생각하면 무언가를 미룰 위험이 더 커진다. 등산을 생각해보라. 한 번에 한 단계씩 전진해야만 정상에 도달할 수 있다. 그 이상은 할 필요가 없다.

❸ 집중을 깨고 싶은 충동에 저항하라

나는 일을 할 때 종종 멈춰서 토끼를 쫓아 오솔길을 따라가고 싶은 충동을 느낀다. 갑자기 인터넷 서핑을 하거나 아마존에서 쇼핑을 하거나, 내가 수행하고 있는 작업과 관련 없는 것을 찾아보고 싶다는 말이다. 이것이 안전지대에 기대는 나의 방식이다. 불편함을 느끼면 탈출하고 싶은 충동이 생긴다. 하지만 이제는 저항한다. 5분 동안은 이어서 일한다. 그런 다음 내 마음이 "충분히 했어, 좀 쉬자"라고 말할 때 다시 5분 동안 계속해서 일한다. 운동하는 중이었다면 한 번 더 반복하고, 케이크를 먹고 싶은 순간이라면 10분 동안은 그 맛있는 케이크를 먹지 않는다. 당신이 저항하는 유혹은 항상 어려운 일을 방해하도록 탄탄하게 구축되어 있다. 유혹에 저항하고 피하는 불편함에 맞서는 경험을 반복한다면 당신의 정신적 태도에 변화가 일어날 것이다. 이것이 날마다 한발씩 남보다 앞선 작은 발걸음을 내디뎌서 단단한 습관을 만드는 비결이다.

❹ 불편하게 만드는 것들의 목록을 만들어보라

목록을 만들면서 자신이 잠재의식의 단계에서 저항하는 것이 무엇이었는지 깊이 자각하게 될 것이다. 힘든 일을 피하는 것이 너무 자연스러운 나머지, 눈에 띄지 않았던 것들 말이다. 하기 싫어하는 모든 일의 목록을 만들어보라. 이 작업을 통해 당신은 일일 지출, 건강한 음식 먹기, 명상, 독서, 절약, 새로운 것 시도하기 같은 것들을 어떻게 하고 있는지 확인할 수 있다. 목록을 만들고 작업의 우선순위를 지정하면 즉각적인 주의가 필요한 항목을 더욱 잘 인식할 수 있다. 집중은 에너지를 어디로 향해야 하는지 인식하는 것에서 시작된다.

❺ 탈출 방법을 잘 알고 있어야 한다

당신에게는 불편함에서 빠져나오기 위한 탈출 방법이 있을 것이다. 자신의 탈출 방법을 더 많이 알아차릴수록 이러한 도주 방식을 물리치려는 결의가 더 강해진다. 모든 사람에게는 미루는 방법(해야 할 일에서 주의를 분산시키는 탈출 방법)이 있으며, 그것이 무엇인지 알면 거부할 수 있다. 미루는 방법의 하나로서 나의 도피 메커니즘은 기본적으로 TV를 켜는 것이었다. 그래서 TV를 없앴다.

극단적으로 갈 필요는 없다. 특히 처음에는 불편함에 대한 근육이 생길 때까지 필요한 모든 것을 하라. 이것은 연습과 훈련으로 만들 수 있는 근육이다. 지금 시작하라. 사람들은 대부분 아무것도 시작하지 않는 탓에 인생의 목표를 달성하는 데 실패한다. 그들은 앉아서 기다리거나 너무 많은 조건에 갇혀 압도당한다. 그러다 보면 실패에 대한 두려움이 다가오고, 과거에 시작했다가 포기한 기억까지 스멀스멀 올라온다. 당신의 마음과 협상해서 지금은 변명이 끼어들 때가 아님을 확실하게 해야 한다.

"경제적으로 안정될 때까지 기다려야지."
"여건이 좋아질 때까지 기다려야지."
"아이들이 자라서 시간이 생길 때까지 기다려야지."

시작하고 싶다면 오늘 당장 시작하자. 빈 페이지에 아무것도 적지 않으면 결국 빈 페이지로 남아 있을 뿐이다. 당신의 마음속에 있는 목표를 한 가지 적어보라. 작은 목표라도 상관없다. 이 목표를 향해 작은 발걸음을 하나 내디뎌보라. 당장 첫 번째로 해야 할 일은 무엇인가? 목표를 가지고 출발해서 앞으로 나아가야 한다. 단 한 가지 일에서부터 시작할 수 있다. 아무리 쉬운 일이라도 첫걸음을 내딛는 것으로부터 모든 게 시작된다.

무엇을 기다리고 있는가?
시작하기에 완벽한 날,
시간이 여유로운 날,
아니면 컨디션이 완벽한 날?

행동을 취하기에 완벽한 시간 같은 건 없다. 많은 이가 외부 조건이 개선되어 모든 게 정상적으로 돌아가는 상황을 기다린다. 다른 사람이 와서 문제를 해결할 때까지 기다리기도 한다. 그러나 궁극적으로 당신의 운명을 책임져야 하는 사람은 당신이다. 오늘, 바로 지금보다 더 좋은 시간은 없다. 당장 오늘 행동할 수 있는데도 왜 늑장을 부리는가?

당신이 지금 부유하든 가난하든, 슬프든 행복하든, 두렵든 용기가 있든, 준비가 되어 있든 그렇지 않든 바로 지금 시작하라. 기다리지 말고 바로 시작하기로 결심하라. TV는 당장 꺼라. 조용한 장소로 이동해서 앞으로 일어날 일에 대해 마음의 준비를 하라. 당신의 지금 삶이 어떤지, 얼마나 자주 실패했는지, 당신의 상황이 얼마나 절망적으로 보이는지는 중요하지 않다. 성공하기에 너무 늦은 때란 없다.

몇 년 동안 나는 오래된 잡동사니로 가득한 옷장 정리를 미뤘다. 안에 있는 물건을 보고는 그냥 문을 닫아버리곤 했다. 어느 날 나는 "시작할 수 있는 가장 간단한 일은 무엇일까?"라고 자신에게 물었다. 나는 한 가지를 버렸다. 다음 날에는 또 다른 쓰레기 상자를 버렸다. 나는 옷장에서 매일 한 가지씩을 계속해서 꺼냈다. 몇 주 후, 옷장 전체를 비우게 되었다. 1분도 채 걸리지 않는 일을 하루에 하나씩 함으로써 일을 시작하고 끝낼 수 있었다. 기다리지 마라. 어려운 장애물 같은 일을 오늘부터 시작하라. 이 목표를 완료하면 다른 일을 시작하라.

4. 의사결정에 대한 두려움

미루는 행동 대부분은 우리가 자신에게 하는 변명을 중심으로 이루어진다. 변명은 미루는 행동을 활성화하는 내면의 거짓말이다. 당신이 무언가를 미루기로 할 때, 그 결정은 당신이 그때 선택한 변명에 기반을 둔다. 모든 핑계는 자존감을 훼손하고 자신감을 떨어뜨리며 더 많은 핑계를 불러들인다. 미루는 습관은 시간이 지날수록 더욱 심해진다. 힘든 일을 피하는 게 더욱 쉬워지는 것이다. 당신의 변명을 낱낱이 살펴본다면, 당신은 그 괴물의 핵심을 파헤쳐볼 수 있을 것이다. 당신은 변명을 쌓아나가면서 발전 가능성에 장벽을 쳐버린다.

미루는 와중에 어떤 생각을 만들어내는지에 귀를 기울여라. 자신에게 어떤 거짓 약속을 하고 있는가? 오늘 하지 않는 이유는 무엇인가? 당신의 상황이 다른 사람들과 다르다고 진심으로 믿는가? 바꿔보기에는 너무 늦었다고 생각하는가? 절대로 늦지 않았다. 언제나 바로 지금이 당신의 삶, 행동, 습관, 환경을 바꿀 수 있는 최고의 순간이다. 그러나 거짓을 계속해서 믿는다면 결국 너무 늦어버리게 될 것이다.

당신은 힘든 일의 우선순위를 내리고는 나중에 할 거라고 자신에게 약속하곤 한다. 내가 수십 년 동안 많은 것을 미루기 위해 가장 흔하게 사용한 변명이다. 나중에 하겠다고 약속하지만, 그 나중이 되면 다음 주에 하기로 또다시 약속한다. 다음 주가 다음 달이 되고, 다음 달이 내년이 된다.

당신에게 중요한 조언을 하겠다. 오늘을 바꾸지 않는 한 미래는 오늘보다 나아지지 않을 것이다. 당신의 미래는 당신이 지금 하는 일을 반영한다. 당신의 지금 행동이 바로 미래의 당신 자신이다. 우리가 행동을 미루거나 회피하는 것은 어떤 일을 수행하거나 결정할 만큼의 능력을 갖추지 못해서라고 생각할 수 있다. 그리고 일을 잘하지 못하면 다른 사람들에게 무시나 비난을 받을 거라 생각한다. 즉, 다른 사람들에게 좋은 평판을 얻고 싶어 미루는 것이다. 우리가 체면을 잃지 않고도 무언가를 성취할 만큼 자신을 '충분히 좋은' 사람이라고 믿지 않는다.

우리는 자신의 성과에 지나치게 비판적인 나머지, 스스로에게 최악의 평가를 쏟아내기도 한다. 또 일을 해낼 수 있는지 의심하기도 한다. 완벽하거나 오류가 없다고 해서 다른 사람들이 우리를 사랑하게 되는 것은 아니다. 수용은 내부에서 오는 것이다. 우리는 의도적인 행동을 피하면서 이득을 얻고 있다는 환상을 깨야 한다. 당신의 만성적인 미루기의 사고방식에 따르면, 당신은 항상 지금 이득을 얻고 있다. (즉각적인 자유와 행복감을 느끼면서 말이다).

누구에게나 특정 업무를 미루는 이유가 있다. 어떤 사람들은 청구서를 즉시 지불하지만, 저축 계획을 세우는 것은 피한다. 어떤 사람은 사무실은 단정하고 깔끔하게 청소하지만, 집에 가면 더러운 옷을 구석에 던지고는 몇 주간 잊어버리기도 한다. 빨래가 천장에 닿으면 옷을 정리해야겠다고 생각하지만, 더 흥미로운 일이 나타나면 다른 날로 미룬다. 해야만 하는 일이 쉽지 않은 경우, 더 쉬운 작업을 수행하는 편이 덜 위험하다. 두려움과 스트레스를 줄이며, 압박감이 덜하기 때문이다. 그 결과는 무엇일까? 덜 성공하는 것이다.

마음은 불확실한 것으로부터 자아를 보호한다. 우리는 자기가 뭘 하고 있는지 모른다고 느끼고 싶지 않다. 어리석게 보이고 싶지 않다. 압도당하고 싶지 않다. 우리는 자신이 부족하다고 느끼고 싶지 않으며, 가족이나 동료 또는 지역 사회에 실패로 비치거나 실망감을 안겨주기를 절대 원하지 않는다. 그래서, 아무것도 하지 않기로 한다. 그냥 가만히 있는다. 그렇게 함으로써 부끄러움으로부터 자신을 보호한다. 이를 수행하는 자기 파괴 습관 중 하나는 해야 할 일에 대한 논리적 결정을 피하는 것이다. 의사결정에 대한 두려움은 스트레스와 좌절감을 불러일으킨다. 결정하지 않는 것도 결정에 해당한다. 아무것도 하지 않고 결과를 운에 맡기기로 결정하는 것이다!

내가 내린 많은 결정은 실패했다. 실패했다는 말은 원하는 결과를 얻지 못했다는 뜻이다. 내 기대는 충족되지 않았다. 내가 무릅쓴 위험은 나에게 유리하게 작용하지 않았다. 결정을 내리지 않는 것은 무언가를 하기로 한 다음에 실패하는 것과 매한가지다. 하지만 자신의 결정을 실패로 보지 않고, 두려움에 맞선 시도로 여긴다면 어떨까?

당신이 두려워하는 것은 결정이 아니라 그에 따른 결과다. 나중에 대가를 지불하고 지금은 아무것도 하지 않기로 결정한다면, 이 일에 대한 부담감은 더 커진다. 우리가 두 가지 버전의 당신에 대해 다루고 있다는 것을 기억하라. 빠른 승리를 원하는 현재의 자신, 그리고 당장 행동함으로써 자신이 원하는 사람이 되기 위해 몰두하는 미래의 자신이다. 현재의 당신은 달리러 나가는 대신 TV를 보는 편을 택하지만, 미래의 당신은 나중에 더 나은 삶을 살기 위해 지금 무엇이든 할 의향이 있다. 우리는 이 두 가지 정체성을 기반으로 결정을 내린다. 현재의 자신과 미래의 자신은 끊임없이 갈등한다. 현재의 갈망과 욕망에서 벗어나 미래 지향적인 태도를 갖춘다면 당신의 행동에 엄청난 변화가 나타날 것이다.

당신은 즉각적인 결정을 내릴 수 없어서
'생각'해보기로 결정한다.
미루려는 꿍꿍이가 있을 때
나는 이렇게 말하곤 했다.
"생각 좀 해볼게요."

그러나 나는 다신 그것에 대해 생각하지 않았다. 나중에 "그
일이 어떻게 됐는지 누가 확인하지 않았으면 좋겠는데. 그 사
람들이 원하는 걸 해주고 싶은 생각은 없으니까."라고 생각했
던 기억이 난다. 몇 주 후, 같은 사람을 만나거나 상사가 다가와
서 내가 했어야 하는 일에 관해 물어보면, 기한을 좀 더 달라고
요청해야만 했다. 내가 그런 식으로 말하지 않고 그냥 두었다
면, 나 아닌 다른 사람에게 요청했을 것이다. "생각해볼게요."
라고 말하는 습관은 빨리 결정할 수도 있었던 일에 몰두하기를
미루는 핑계가 됐다.

이런 일이 반복되면, 사람들은 당신에게 뭔가를 요청하지
않게 된다. 결국에는 어떤 결정에도 당신을 참여시키지 않을
것이다. 그렇게 되면 아무도 성가시게 하지 않겠지만 당신은
서서히 고립된다. 당신이 워낙 심사숙고하는 게 강점이라서 결
정하는 데 보통 사람보다 더 많은 시간이 필요한 경우라면 효

과가 있을지 모른다. 그러나 미루는 사람에게는 작업을 완벽히 수행하지 않았을 때 쓰는 변명밖에 되지 않는다.

이런 식으로 도망치지 말아야 한다. 힘든 일을 미루는 버릇이 있다면 이것이 실패로 가는 하나의 핑계가 될 수 있다. "나중에 다시 연락드릴게요" 또는 "내일 얘기합시다"로 미루는 습관이 있는가? 내일이 되면 그들은 당신을 찾을 수 없다. 당신이 시야에서 사라져 방 뒤에 숨어 있기 때문이다. 이러한 미루기 전략을 극복하기 위해 내가 생각한 최고의 방법은 결정을 내리고, 그것에 몰두하고, 바로 그 자리에서 실행하는 것이었다. 내 결정은 "예" 또는 "아니요", 둘 중 하나였다. 결과가 어떻게 되든, 나중에 후회하든 상관없었다. 나는 그저 구체적인 결정을 내렸을 뿐이다.

어떤 행동이든 해야만 하는 결정이었고, 나는 행동을 했다. 생각할 것이 하나 줄어들었고, 마음속에 더 창의적이고 정교한 아이디어를 위한 공간이 열렸다. 당신은 '우선순위가 낮은' 쉬운 업무들만 수행하느라 바쁘다. 별로 힘들이지 않고 하는 일은 잘못된 성취감을 불러일으킨다. 받은 편지함에 있는 최근 10개의 이메일에 응답하거나, 한 서랍에서 다음 서랍으로 문서를 이동시키는 일은 빠르게 할 수 있다. 당신은 당장 보상을 받을 수 있고 즉각적인 만족을 줘서 빨리 얻을 수 있는 것만 추구한다.

5. 피드백에 대한 두려움

사람들이 미루는 이유는 평가받는 것이나 다른 사람들로부터 부정적인 피드백을 받는 것이 두려워서다. 학교에 다닐 때 가장 두려웠던 것 중 하나는, 공부도 안 했고 아마도 거의 낙제했을 가능성이 컸던 시험의 결과를 받는 것이었다. 나는 무슨 수를 써서든 공부하기를 미뤘고, 이 습관은 결국 자기 파괴 시스템을 공고하게 만들었다. 나는 내가 실패하도록 세팅하는 데 매우 능숙해졌다. 시험을 볼 때마다 거의 C 아니면 F를 받았다. 자신이 성공할지 실패할지를 예측할 수 있으면 학교는 훨씬 다니기가 편하다. 하지만 정작 두려운 것은 다른 사람들의 비판에 내가 영향을 받는다는 점이었다. 내가 정말로 괴로웠던 것은 시험 점수가 아니었다. "역시나 또……."라고 말하는 선생님의 표정이었다.

나는 초등학교 마지막 학년에서 낙제를 하고 말았다. 그러자 그 사실을 알게 될 부모님의 비난이 두려웠다. 나는 정말로 모두의 기대에 부응하고 있었다. 그들은 내가 낙제할 것이라고 예상했고, 나는 그들이 원하는 대로 해준 것이다. 비록 건설적인 피드백이라도, 피드백에 대한 두려움은 미루기라는 비합리적인 행동으로 이어진다. 이 두려움 때문에 우리는 100퍼센트 노력하기를 망설인다. 또는 내가 이야기했듯이, 실패에 너무 익숙해져서 자신을 파멸에 이르게 한다.

이 두려움을 당신의 경계 밖으로 몰아낼 수 있다. 당신은 자신이 하는 그 일이 괜찮다는 외적 인정을 주변 환경에서 찾는다. 예컨대 누군가 당신의 그림을 좋아한다면 성공했다고 느끼고, 더 많은 작품을 창작해야겠다고 생각한다. 반면, 누군가(또는 대다수)가 당신의 작품을 인정하지 않는다면, 다시는 붓을 들지 않을 것이다.

다른 예로, 누군가는 다른 사람들이 어떻게 생각할지 걱정하느라 블로그 게시물을 발행하거나 책을 출간하는 것을 미룬다. 아니면 창조적인 천재성을 다른 사람들이 볼까 봐 걱정되어 새로운 미술 수업에 등록하기를 두려워하기도 한다. 대부분의 경우 사람들의 두려움은 비합리적으로 과장되었거나 정당하지 않다. 부정적인 피드백을 받을 가능성이 작거나, 피드백의 결과가 생각보다 중요하지 않기 때문이다.

피드백은 학습 곡선과 같으며, 늘 아름답게 전달되지는 않는다. 어떤 사람들은 긍정적인 피드백을 줘서 당신이 조언에 따라 개선할 수 있도록 할 것이다. 어떤 피드백은 더 비판적이며 상처를 줄 수 있다. 그러나 모든 사람이 좋아하고 누구에게나 맞는 완벽한 것은 없다. 모나리자는 지구상에서 가장 유명한 그림 중 하나다. 그러나 여론조사에 따르면 그림을 본 사람의 23퍼센트가 만족하지 못한다고 한다. 그들은 더 큰 것을 기대하고 있었던 것일까?

당신의 인생은 현재 진행형이며 선생님, 동료, 친구들의 피드백을 환영하는 것은 좋은 일이다. 그러나 그것이 성격에 대한 공격으로 인식된다면, 피드백을 인식하고 받아들이는 방식을 바꿔야 한다. 비판적인 피드백이 중요한 것이 아니다. 그것을 어떻게 받아들이는지가 중요하다.

비판이 아주 심한 환경에서 자랐다면, 받아들이는 정도에 영향을 받을 수 있다. 사회 불안 장애(Social Anxiety Disorder, SAD)가 있는 사람들은 모든 종류의 피드백에 더 민감할 수 있으며, 건설적인 피드백이라도 반발할 수 있다. 당신이 전화를 걸거나, 새 직장에 지원하거나, 직장에서 도전하기를 미루는 상황이라고 하자. 당신의 마음은 부정적인 질문을 하면서 빠져나갈 구멍을 만들기 시작한다. "나를 채용하지 않는다면, 나한테 무슨 문제가 있어서일까? 모두 앞에서 바보짓을 하면 무능력자로 낙인찍힐까?" 자신에 대해 최악의 측면만 생각한다면, 손해 볼 것 같은 모든 것을 멀리하려는 회피 중독에 불이 붙는다. 당신도 알다시피, 위험이 가까울 때는 위험으로부터 생명을 보호하려는 본능이 발동한다.

비판이나 피드백에 대한 두려움에서 회복하기 위한 세 가지 전략이 있다.

❶ 당신의 회피 전략을 잘 알아야 한다

비판과 더불어, 회피 전략 역시 당신의 미래를 훼손하고 있다. 아리스토텔레스는 "비판을 피하는 유일한 방법은 아무것도 하지 않고, 아무 말도 하지 않고, 아무것도 아닌 사람이 되는 것"이라고 말한 바 있다. 비판을 피하면 나약해진다는 사실을 깨달아야 한다. 당신에게 상처를 주는 것은 비판이 아니라 그것에 대한 당신의 반응이다. 일을 회피하는 습관이 있다는 것은 당신이 세상으로부터 받은 재능을 썩히고 있다는 뜻이다. 비판에 대한 두려움이 당신의 성공을 가로막지 않도록 하라.

❷ 누가 비판할 수 있는지는 당신이 정한다

당신을 비판하는 모든 이가 동등하지는 않다. 그중 일부는 당신을 비판할 권리가 없다. 건설적인 피드백을 제공할 수 있는 사람들의 경계를 설정하고, 나머지 이야기는 흘려들어라. 그 목록에 있는 사람들이 멘토로 삼을 만한 사람이라면 훌륭한 선택을 한 것이다. 안전한 환경에서 비판받으면 두렵지 않다는 연습을 하는 셈이 되기 때문이다. 피드백을 열린 마음으로 받아들일 만한 사람들의 목록을 만들어라. 목록에 없는 사람을 무시하라는 것이 아니라 짧은 목록으로 시작해서 다른 사람을 추가해나가며 늘리라는 것이다. 당신이 하는 모든 일을 비판하는 데만 익숙하고, 개선해나가는 데는 관심 없는 사람들의 말은 들을 필요가 없다. 건설적인 비판이란 뭘까? 뭔가를 개선하려는 의도를 가지고 주고받는 비판이다. 당신에게 "일이 엉망이네요!"라고 말하는 사람은 당신을 돕고 싶은 생각이 없는 것이다.

❸ 비판을 성장의 도구로 만들라

외부적인 인정에 신경 쓰기보다는 배우고 개선하는 데 집중하라. 이 철학을 취하면 비판을 거부의 원천이라고 받아들여서 피하기보다는, 성장에 도움이 되는 긍정적인 도구로 활용할 수 있게 된다. 비판이 어떤 점에서 건설적인지 생각하고, 그 안에서 진실을 찾아 그것이 당신을 더 높은 수준으로 끌어올리도록 하라. 어제보다 오늘 더 성장하고 나은 사람이 되는 데 도움이 되도록 비판을 재구성하라. 앞으로 나아가도록 당신을 격려하는 목소리에 집중하라. 그러면 다른 이들을 돕기 위해 건설적인 피드백을 줄 수도 있을 것이다.

왜 똑같이 살면서
다른 미래를 꿈꾸는가

"정말 행복한 사람들은 미루기의 사슬을 끊은 사람들, 당
면한 일을 하면서 만족감을 느끼는 사람들이다. 그들은 근
면, 열정, 생산성으로 가득 차 있다. 당신도 그렇게 될 수
있다."

— 노먼 빈센트 필Norman Vincent Peale

내 안의 두려움을 발견했을 때, 그리고 내 인생
의 가장 큰 적이 내 마음이라는 것을 깨달았을 때, 나는 다짐했
다. 더 이상 힘든 일을 두려워하지 않겠다고, 두려움이 나의 평
안을 지켜주던 곳에 숨어 있던 모든 일을 하겠다고 말이다. 마
음은 정말로 우리가 가진 가장 큰 자산이다. 이 무기를 성공을
위한 유용한 도구로 바꿔보자. 당신이 어떻게 살았는지는 결국
마음을 어떻게 관리했는지에 달려 있다.

우리는 마음의 거짓말에 귀 기울이고 싶은 유혹에 저항해야만 한다. 두려움은 극복할 때 용기가 된다. 두려움에 맞서 그저 "이제 성은 내 차지다. 물러서라."라고 말하자는 것이다. 잘 미루는 사람들인 우리는 그게 늘 쉽지만은 않다는 걸 알고 있다. 강한 의지를 발휘해 최선을 다한 노력이 실패하기도 한다. 나름의 합리적인 이유로 뭔가를 미루는 사람의 마음은 내부의 적, 원숭이와도 같은 자신의 마음과 끊임없는 투쟁을 벌이고 있다!

당신은 항상 원했던 바로 그 사람이 될 수 있도록 자신을 포지셔닝해야 한다. 그러면 두려움은 물러서고, 용기가 여행을 시작할 수 있도록 해줄 것이다. 그 이상의 용기는 필요하지 않다. 새로운 비법을 배우거나 어떻게 하면 자신을 좀 더 나은 사람으로 여길 수 있는지에 대한 수업 비용을 지불할 필요도 없다. 당신 안에 필요한 모든 것이 있으니 말이다.

당신은 용감하다.
당신 안에는 늘 용기가 있다.
당신 외에는 아무도 안으로 손을 뻗어
그것을 빼낼 수 없다.

몇 달간은 새로운 마음을 만드는 데 집중했다. 하루에 30분 정도씩 생각에 잠겨 앉아 있었다. 짐 론, 토니 로빈스, 지그 지글러와 같은 탁월한 사상가와 자기계발의 대가들이 쓴 책을 읽었다. 나는 절망을 목적 있는 임무로 바꾸어놓았다. 전에는 느껴보지 못한 평화와 고요함을 느꼈다. 내가 이제껏 살아온 혼돈이 잠잠해진 것 같았다. 자기 거부, 판단, 스스로 부과한 제한은 더 이상 나를 붙들지 못했다. 그것들을 놓아주었더니 자유로움이 느껴졌다. 두려움을 병 속에 가두어놓고는, 그 안에 들어가서 두려움과 함께 살아왔다는 걸 알게 되었다.

유리 천장이라는 말을 들어봤는가? 직장에서 고위직에 오르지 못하는 여성이나 소수자를 묘사하기 위해 1980년대부터 사용된 은유적 표현이다. 이를 우리가 자신에게 부과하는 한계를 설명하는 데 사용할 수 있을 것이다. 이런 상황은 특정 단계에 도달한 후 더 이상 진전을 보이지 않거나 나아지지 않을 때 생긴다. 다른 모든 사람이 승진하고, 더 나은 삶을 향해 나아가고, 상당한 진전을 이루는 동안 당신은 원래 있던 곳에 꼼짝없이 머물러 있다. 나는 마음속의 유리 천장을 밀어 올렸다. 그리고 그것이 제거되자 무엇이든 할 수 있는 자유를 얻게 되었다. 유리 천장은 내가 스스로 부과한 한계를 나타낸다. 의심의 여지없이 장벽은 바로 나였다. 이제 문제가 드러났으니 변화하고 앞으로 나아가야 했다. 옴짝달싹 못 하는 건 끔찍하니까. 같은 실수를 반복하면서, 나의 제한된 능력 중 최악의 부분만 생각한다는 건 용납할 수 없었다. 인간으로서 우리는 탐험하고 성장하도록 만들어졌다. 목표에 이르려면 힘도 들고 상처도 받아야 하는 것이다.

완벽한 계획이란 없다

두려움이라는 오래된 골칫거리가 내 안에서 깊숙이 가라앉는 것을 느낄 때, 나는 잠시 멈춰 숨을 고르고 생각한다. '나는 무엇을 두려워하고 있는가? 어떤 부정적인 결과를 예상하는가?' 내 두려움의 대부분은 거절, 실패 또는 막연한 느낌에 에워싸여 있었다. 무언가를 하려다가 바보 취급을 당하거나 최악의 경우 무능력해 보일 수도 있다고 생각했다. 당신에게 말을 거는 목소리가 당신과는 별개의 존재라고 생각하기는 쉽다. 그러나 사실 그 목소리는 당신이다. 어둠을 피해 숨어 있는 내면의 아이다. 일이 계획대로 정확하게 진행되지 않을 때의 결과를 부끄러워하는 당신의 자아다.

완벽한 계획이란 건 없다. 완벽한 결과도 결코 없을 것이다.

유일하게 장담할 수 있는 건, 두려움을 키우기만 하고 해결하지 않는다면 실패할 수밖에 없다는 것이다. 한 멘토가 나에게 다음과 같은 훌륭한 조언을 해주었다. "변화에 익숙해져라. 목표에 힘을 실어주는 새로운 습관을 만들어라. 그러면 두려움에서 벗어날 수 있다." 안락한 습관에 항복하고 마는 두려움이 나를 덫에 빠뜨리고 있었다. 진정으로 의도한 삶을 살고 싶었다면 오래된 습관을 버리고, 새로운 행동을 만들고, 더 나은 습관을 설정함으로써 내가 원하는 삶 쪽으로 나아갔어야 했다.

이러한 두려움을 극복하기 위해, 나는 매일매일을 새로운 마음가짐으로 맞이하고자 했다. 두려움은 무기력과 분석 마비(paralysis analysis)로 이어진다. 이 두려움의 대부분은 그것을 뒷받침하는 나쁜 습관과 연결되어 있다. 변화한다는 건 새로운 방식으로 일하고, 위험을 감수하면서 새로운 시도를 해보고, 불편한 도전도 불사한다는 뜻이었다. 그대로 멈춰 있는 것이 앞으로 나아가는 것보다 두렵다면 행동해야 할 때다.

내 모든 두려움은 실패에 집중되어 있었다. 어떻게 해야 할지 모르는 일에 실패할까 봐 두려웠다. 최선을 다하지 못할까봐 두려웠다. 실수했을 때 세상이 나를 판단할까 봐 두려웠다. 가족을 실망시킨다면 어떻게 될까 두려웠다. 이 두려움은 미루는 습관에 영향을 미쳤다. 우리는 자신을 실망시킬까 봐 힘든 일을 피한다. 그러나 가장 큰 실망은 시도하다가 실패하는 데서 오는 것이 아니다. 아무것도 하지 않고 두려움이 자신의 인생을 지배하도록 내버려두는 일이 가장 실망스러운 행동이다. 두려움에만 귀를 기울이고 자기 기대에는 부응하지 않는 동안에, 나는 더욱더 많은 두려움을 만들고 있었다. 나는 제자리에서 주의를 딴 데로 돌릴 거리를 찾으면서 하루를 보냈다. 여기저기 주의를 돌리느라 정신없이 바빴으나 나에겐 아무것도 남지 않았다.

자기 자신보다 자신의 두려움을 더 믿으면 두려움이 권력을 쥐게 된다. 그러면 당신이 두려워하는 모든 것에 대한 애착이 강해진다. 이 책에서는 우리를 겁나게 하는 것들에 맞서고 싶지 않은 마음을 깨고자 한다. 자신의 두려움을 보호하고 있을 때, 우리는 쉬운 일, 편안한 일에 사로잡히게 된다. 이 오래된 습관을 유지할 수 있었던 건 예측할 수 있기 때문이었다. 예측할 수 있는 삶을 살고 있다는 건 오래된 습관과 틀에 박힌 일상에 둘러싸여 산다는 말이다.

나는 기존 방식에 중독되어 있었으면서도
다른 결과를 기대했다.
이는 비현실적일 뿐만 아니라,
실패의 공식이기도 하다.

아인슈타인이 말했듯이 "광기의 정의는 같은 일을 반복하면서 다른 결과를 기대하는 것이다." 진정한 승리는 더 높은 곳에서 당신을 기다리고 있지만, 그곳에 도달하기 위해서는 새로운 습관을 길러야 한다. 정상에 도달하려는데 늘 같은 위치에서 멈춘다면 항상 같은 목적지에 도달할 수밖에 없다. 기억하라. 당신은 용감하다. 당신은 두려워하지 않는다. 당신은 아무것도 부족하지 않으며 당신이 만들어낼 무한한 세계로 가는 열쇠를 쥐고 있다.

당신이 일을 미루는 10가지 이유

"미루는 것은 아무것도 하지 않는 것과는 다르다. 아무것도 하지 않는 것은 종종 창의적이다. 그러나 미루기는 종종 두려움과 연관되어 있다. 두려움은 창의적이지 않다."

— **조앤 해리스**Joanne Harris

앞에서 우리는 미루는 습관을 유발하는 다섯 가지 핵심적인 두려움에 대해 살펴보았다. 여기서는 우리가 일상에서 중요한 일을 미루는 길로 빠지게 되는 이유를 열 가지로 나눠 분석해보려고 한다. 이 목록을 살펴보고 미루는 원인 중 자신에게 어떤 것이 해당하는지 알아내보자. 미루는 습관을 제거하려면 저변에 깔린 원인을 파악하는 것이 매우 중요하다. 따라서 이 작업을 수행하는 동안만큼은 자신에게 정직하도록 노력해야 한다.

미루는 습관에 성공적으로 대처하려면 자신이 미루는 이유가 뭔지, 미루는 행동이 목표 달성에 어떻게 방해가 되는지 파악해야 한다. 그러면 미루는 습관 방지 기법을 바탕으로 적절한 행동 계획을 구체적으로 세울 수 있을 것이고, 당신을 미루게 만드는 트리거를 다루는 데 도움이 될 것이다. 다섯 가지 핵심 두려움 외에 우리가 미루게 되는 가장 일반적인 열 가지 이유는 아래와 같다.

❶ 장기적 성취보다 단기적 기분을 중요시한다

어떤 일을 완료해야만 보상받을 수 있다면, 그와 관련된 작업을 미루게 될 수 있다. 사람들은 먼 미래에 있을 보상의 가치를 깎아내린다. 이를 시간적 가치 폄하(temporal discounting) 혹은 지연 가치 폄하(delay discounting)라고 한다. 미래에 경제적 안정을 갖을 거라는 목표보다는 현재 저축하는 것의 가치를 폄하하기가 더 쉽다. 미래의 나는 돈을 갖고 싶어 하지만, 현재의 나는 흥청망청 돈을 쓰면서 인생을 즐기고 싶어 하는 것이다.

누군가는 건강한 식습관 갖기를 미룰 수 있다. 의사가 아무리 중요하다고 말해도 현재 식습관의 해로운 영향이 심각한 문제가 되기 시작하는 것은 몇 년 뒤이므로, 다른 사람의 문제로 여기는 것이다(그 다른 사람이 미래의 자신이라고 하더라도 말이다). 현재의 자아와 미래의 자아 사이의 이러한 단절은 사람들을 미루는 선택으로 이끈다. 현재의 자신이 미래에 대해 걱정할 필요가 없다고 생각하게 하는 것이다. 그러나 미뤄두었거나 제때 완료하지 못한 결과물을 처리해야 하는 사람은 미래의 자신이다.

❷ 자기조절 능력이 약하다

자제력(self-control) 또는 자기조절(self-regulation)능력은 어떤 일을 완수하기 위해 감정적이고 습관적인 행동을 통제하는 개인의 능력을 나타낸다. 체력이 안 따라주거나 인지 기능이 약해지면 자기 통제에 실패하기 쉽다. 자제력이 부족하면 일을 더욱더 미루게 된다. 자제력이 부족한 사람은 몇 시간 동안 TV만 보면서, 이 프로그램만 끝나면 일을 시작할 거라고 계속해서 중얼거릴지 모른다. 자제력이 충분하지 않으면 자신에게 정말 필요한 일을 하기보다는, 딱히 끌리지는 않지만 쉽게 할 수 있는 행동에 손을 댄다. 이 책에서는 자제력에 대한 인식을 높이고 무언가를 선택할 때 통제력이 부족하다고 느끼는 순간을 관리하는 데 도움이 될 최선의 전략에 대해 살펴볼 것이다.

❸ 싫은 일에 저항감을 크게 느낀다

사람들은 해야 하는 그 일이 '싫을' 때 미루는 경향이 있다. 바로 이런 정신적 저항으로 인해 기분전환을 핑계 삼아 쾌락

중심의 활동을 추구하게 되는 것이다. 싫어하는 사람에게 중요한 전화를 걸어야 하는데 TV를 보거나 게임만 하다가 타이밍을 놓친다. 이런 상황은 특정한 일에 매력을 느끼지 못할 때 생긴다. 그 일이 싫으면 싫을수록 더 피하고 싶어지며, 그럴수록 행동을 미룰 가능성이 커진다. 예를 들어 어떤 사람이 답답하거나 싫증이 나거나 지루해서 일을 미룬다고 가정하자. 그들은 업무 난이도와 자기 능력 사이에 격차가 있다고 믿고, 그 업무가 감당하기 너무 어렵다고 느껴서 일을 미루는 것일 수 있다.

❹ 불안의 악순환에 빠진다

특정 업무를 수행하는 것에 대해 생각만 해도 스트레스를 받은 적이 있는가? 그렇다면 미루게 될 확률이 높다. 당신은 어떤 일을 완수해야 한다는 것에 불안감을 느껴서 그것을 미루고, 피하고 있을지 모른다. 일을 계속 미루고 있는 상황은 마음을 더 불안하게 하고, 결국 더욱더 미루게 되면서 악순환에 빠지게 된다.

얼마 전부터 당신은 허리에 경미한 통증이 있다. 하지만 병원에 가는 생각만 해도 스트레스를 받는다. 그래서 그냥 나아지기를 기다리지만 그렇게 되지는 않는다. 이제는 정말로 불안해지고, 결국은 병원에 가야만 한다. 우리는 때로 미뤄둔 일이

절로 '사라지기'를 바라지만, 그냥 없어지지 않는 일이 더 많다. 오래 미룰수록 기분만 나빠질 뿐이다. 그러나 불안 때문에 미루는 사람들이 빠지는 함정이 여기에 있다. 일을 하기 전에 압박받고 불안했던 일들을 해치우고 나면 커다란 안도감과 해방감을 느낀다. 이런 커다란 감정의 격차에 중독되는 것 또한 불안해서 일을 미루는 사람의 특징이다.

❺ ADHD(주의력 결핍 과잉 행동 장애)가 있다

ADHD와 미루기 사이의 직접적인 연관성은 없지만, 미루기는 ADHD가 있는 사람에게 흔한 증상이다. ADHD는 한곳에 오랫동안 집중을 유지하는 데 어려움을 겪기 때문에 과제를 완료하기가 쉽지 않다. 또한 ADHD가 있으면 자신에게 흥미로운 작업에만 과도하게 몰두하므로 흥미롭지 않은 일은 쉽게 미루게 된다.

❻ 목표가 추상적이고 불분명하다

사람들은 목표가 모호하거나 추상적이거나 기한이 없을 때 미룬다. 구체적이고 명확하며 적당한 기한이 있는 목표가 있으면 해야 할 일에 더 집중할 수 있다. 미루는 사람들에게 마감일이 꼭 필요한 이유다. 예를 들어, "날씬해지고 싶어."나 "운동해야지.", 또는 "올해는 저축해야지." 같은 말은 동기부여 에너지를 갖기에는 너무 모호하다. 모호한 목표를 버리고 원하는 목표를 상세하게 세워라. "앞으로 60일 동안 5kg을 빼고 싶어. 목표를 달성하려면 일주일에 세 번, 월수금에 운동하러 가야겠다. 설탕이 많이 들어간 간식은 끊고, 하루 20분씩은 유산소 운동을 해야지."와 같이 구체적이어야 한다.

❼ 완벽주의자다

완벽주의자는 세상이 완벽해야 한다고 믿으며 모든 에너지와 자원을 완벽한 환경, 완벽한 경력, 완벽한 삶의 방식을 만드는 데 사용한다. 완벽주의는 궁극적으로는 거짓에 가깝다. 그것은 실제로는 존재하지 않고, 끊임없이 집착하며 완벽을 추구하는 사람들의 마음속에만 있다. 그들은 중간이란 게 없으며, 자신이든 다른 사람이든 실수나 실패에 대해서는 용서하지 않는다.

완벽주의가 미루기로 이어지는 방식은 다양하다. 누군가에게 실수할까 봐 너무 겁이 난 나머지 결국은 아무런 조치도 취하지 못하는 것이다. 어느 정도 준비가 되었을 때 발표하면 될 일을, 프로젝트에 결함이 있는 채 발표하는 것을 지나치게 걱정한 탓에 기한도 없이 관련 업무를 계속 다시 하게 할 수도 있다. 또 다른 예로, 누군가는 자신이 쓰는 모든 문장이 처음부터 완벽하기를 바라서 단 한 줄도 쓰지 못할 수 있다. 책 쓰기를 마친 사람 역시도 원고를 보내 피드백 받기를 계속 미룰 수 있다. 완전무결한 책을 만들고픈 마음에 퇴고를 거듭하기 때문이다.

양질의 좋은 작품을 만들어서 출판하기를 원하는 완벽주의자들의 바람은 이해가 가지만, 달성할 수 없는 완전함을 목표로 할 때는 문제가 된다. 불필요하게 미루는 것인데도, 보기에는 그럴듯한 구실이 되기 때문이다. 물론 완벽주의가 항상 부정적인 것만은 아니다. 작업이 완벽하지 않을까 봐 지나치게 걱정한 나머지 불필요하게 일을 지연시킬 때만 문제가 된다. 그러나 사실 인생의 모든 것에는 결함이 있다. 사람, 장소, 당신 주위를 둘러싼 모든 것에는 언제나 결함이 있게 마련이다.

❽ 자기 파괴적 행위에 이끌린다

자기 파괴적 행위는 장기적으로 해로운 영향을 미친다. 고의로 미루는 행위는 지속적인 자기 파괴로 이어지기 마련이다. 미루는 습관은 자신의 발전을 방해하는 것이나 다름없기 때문이다. 어떤 사람은 새로운 직장에 지원하는 게 경력 발전을 위해 좋은 기회라는 것을 알면서도 지원하기를 미룰 수 있다. 누군가는 의사가 비만의 위험에 대해 경고했음에도 날마다 정크 푸드를 먹는다.

❾ 체력이 부족하고 에너지가 없다

에너지 수준이 낮으면 모든 것을 무한정 미루게 될 수 있다. 체력이 떨어져 있거나 격무에 시달려 여유가 없는 상황이라면 에너지 레벨이 낮아져서 아무것도 하기 싫어지는 것이다. 이는 게으름과 동기부여 부족으로도 이어진다. 목표 달성을 위해 필요한 노력을 할 수 있음에도 선뜻 노력을 기울이지 않게 된다. 가령, 그냥 하기 싫다는 이유로 집 청소를 미루는 것이다.

내가 효과를 봤던 짧은 팁은 이렇다. 일단 일을 시작하면 동기와 에너지가 생긴다. 여러 상황에서 자신이 미루는 행동이 게으름 때문이라고 생각하겠지만, 사실 미루기는 불안이나 실패에 대한 두려움과 같은 근본적인 이유로 인해 발생한다. 동기부여가 부족하다고 느끼는가? 그것이 바로 내가 이 책을 쓴 이유다. 나는 당신으로부터 최선의 행동을 끌어내고자 한다. 당신은 앞으로 나아갈 수 있을 것이고, "나는 실패자야"라는 잘못된 믿음을 부수고 더욱더 발전할 수 있을 것이다. 의욕이 부족하더라도 실패한 것이 아니다. 올바른 트리거에 의한 동기부여가 필요하다.

❿ 결정 피로로 인한 혼란을 느낀다

결정 피로는 미루기의 한 형태로, 결정 미루기 또는 분석 마비라고도 한다. 일반적으로 너무 많은 선택사항이 제시되면 결정 내리길 지체하게 된다. 이것은 어떤 행동을 먼저 취할지 결정할 때 당신을 한없이 방해한다. A와 B 중에서 어떤 문을 선택할 것인가? C라는 선택지까지 있다면 더 어쩔 줄 모르게 되고 결정하기가 힘들어져서, 결국 결정을 포기하고 만다. 당신은 "나중에 해야겠다." 또는 "생각 좀 해봐야겠어."라고 말한다. 나는 이런 상황을 자주 마주하는데, 결정하지 않고 그냥 떠나버리면 해결되는 경우는 거의 없다. 어떻게 해야 할지 몰라 그냥 놔둔 채로 있을 뿐이다.

결정 미루기는 장기적으로 해로운 영향을 미친다. 결정하지 못하면 앞으로 나아갈 수 없다. 나는 한 가지 일에 몇 달 동안, 때로는 몇 년 동안 묶여 있던 적이 여러 번 있다.

결정할 수 없거나 결정할 의사가 없는 일은
절대 완료되지 않은 채로
오랫동안 마음의 공간을 차지한다.

예를 들어, 어떤 운동 프로그램을 선택할지 결정하지 못해 운동을 미루게 될 수 있다. 혹은 저렴한데 문을 일찍 닫는 체육관에 갈지, 24시간 운영되는 더 비싼 체육관으로 갈지 고르기 어려워서 미룰 수도 있다. 욕실 리모델링을 위해 세 군데 견적을 보고는 모두 다 좋아 보여서 어디와 계약할지 고르느라 시간이 지연될 수도 있다.

선택 마비에 직면했을 때 고려해야 할 주요 요소는 다음과 같다.

첫째, 옵션이 많을수록 선택하기가 더 어려워진다. 너무 많은 선택지는 혼란을 가중하고 현명한 선택에 방해가 된다.

둘째, 옵션이 서로 비슷할수록 어느 것이 더 나은지 결정하기가 어려워진다. 특히 다른 것보다 확실히 선호되는 하나의 옵션이 없을 때 더 그렇다.

셋째, 선택이 중요할수록 선택하기가 더 어려워진다. 선택의 결과가 클수록 결정에 부담을 느끼는 것이다. 사소한 결정을 내리기 전보다 중요한 결정을 내리기 전에 더 오래 미루게 된다.

결정을 미룰 때마다, 그 막연함으로 인해서 정신적 에너지가 고갈된다는 점을 기억해야 한다. 한정된 시간 내에 많은 결정을 내려야 할수록 에너지는 더 소비되고, 적어도 정신적으로 재충전할 수 있을 때까지 미래의 결정을 더 미룰 위험이 있다. 의사결정은 결코 쉬운 일이 아니지만, 토니 로빈스가 말했듯 "당신이 무언가를 결정하는 순간에 당신의 운명이 결정된다." 그러나 결정을 내리는 것은 첫 번째 단계일 뿐이다. 결정한 것에 대해 전념하기, 원하는 결과에 도달하기 위해서 계획적으로 행동하기 등 결정 이후에 해내야 할 일들이 더 중요하다.

2부

힘든 일을 먼저 하는
22가지 무기

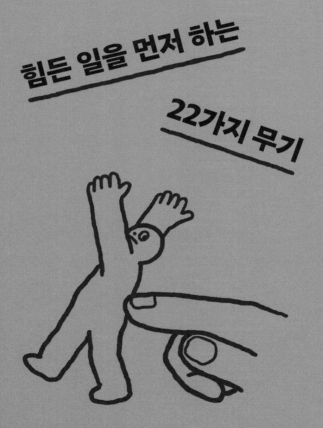

① 뇌의 속임수에 넘어가면 끝이다

"나쁜 습관을 멈추는 가장 좋은 방법은 그것을 시작하지 않는 것이다."

— **J.C 페니** J. C. Penny

미루는 습관을 회복하는 과정에서 반드시 알아야 할 주의사항이 있다. 아마도 당신은 이런 일이 발생한다는 것을 이미 알고 있을 것이다. 아직 거기에 이름을 붙이지 않았을 뿐.

이런 식이다. 당신은 마침내 몰입 상태에 거의 가까워졌거나 이미 이르렀다. 당신은 발표하자마자 인기를 끌 예정인 음악을 작곡하는 중이다. 몇 시간만 더 하면 된다. 그런데 작업 중간에 당신의 머릿속에 어떤 생각이 떠오른다. '좀 쉬자!' 그래서 당신은 끝내지 못한 일을 뒤로하고 10분간 휴식을 취한다. 그 10분간 무슨 일이 일었는지 정확히 기억은 못 하지만 당신은 한 시간이 지난 후에도 여전히 유튜브에서 다른 뮤지션의 이름을 검색하고 있다. 그리고 그들의 뛰어난 음악과 당신이 쓰고 있는 형편없는 곡을 비교한다. 당신의 곡은 그렇게 쓰레기가 되어버린다. 누가 이런 노래를 들을까?

당신의 마음은 이런 생각들로 꼬리를 물고, 머릿속은 의심으로 가득 찬다. 지금은 다시 작업으로 돌아갈 수가 없다. 창조적인 시간이 필요하다. 그래서 마구잡이로 유튜브 영상으로 영감을 받으려다가, 이러저러한 것들을 어떻게 해야 하는지 알려주는 강좌를 시청하다 보면 어쩐지 간디에 관한 다큐멘터리를 시청하는 것으로 끝나고 만다. 잘못되고 있다. 결국 당신은 하루를 완전히 망쳐버리지 않기 위해, 30분 동안 이메일을 보내고 스물여덟 개의 메시지에 아무렇게나 응답하는 것으로 하루를 마무리한다. 그러고 난 다음엔 고양이 동영상을 볼 차례다.

이것이 당신 이야기라면, 이 정도쯤 되면 해피엔드는 글렀음을 알 수 있을 것이다. 그런데 애석하게도 나는 몇 년간 일을 이런 식으로 하며 지냈다. 뭔가에 열중하다가 거의 완성 단계에 이르렀을 때, 머릿속에서 이런 말이 들리는 것이다. '아직 끝낼 때가 아니야. 좀 쉬자!' 그렇게 자정까지, 그리고 다음 날까지, 주말까지도 휴식은 계속해서 이어진다.

이런 일이 연속적으로 일어나는 것은 뇌가 충동적으로 '전환'을 하고자 하기 때문이다. 무언가를 한창 하는 와중인데도 갑작스럽고 임의적인 생각이 정신을 다른 곳으로 이끄는 것이다. 갑작스럽게 든 생각을 딱 끊어버리자니 어쩌면 시급한 일일 수도 있다는 생각이 들고, 당신은 자연스레 그것을 엿보게 된다. 그러나 한번 들여다보면 그것에 빠져들고 만다. 이제 당신은 굴속으로 사라진 토끼를 쫓는다. 토끼는 굴에 훤하지만 당신은 아니다. 게임에 익숙지 않은 당신은 그저 쫓아가기에 급급하다.

미루는 사람들은 쫓는 것을 즐긴다.
북마크 해놓은 일련의 탭을 끝없이 쫓고,
층층이 쌓인 아이디어들,
반쯤 짓고 남겨놓은 다리들을 쫓아다닌다.

충동적 전환에서 벗어나는 법

충동적 전환은 수년에 걸쳐 튼튼하게 엮인 사슬의 연결고리와도 같다. 이것이 바로 잘 미루는 사람들이 멀티태스킹을 하는 경향이 있는 이유다. 멀티태스킹은 의도하지 않은 일을 하도록 마음을 부추겨서, 지루해지면 5분마다 이 일에서 저 일로 넘나들게 만든다.

미루는 것처럼 충동적인 행동을 하고 싶은 욕구를 억제할 수 있는 한 가지 방법은 그 욕구를 충족시키기 전에 잠시 시간을 두는 것이다. 예를 들어 스마트폰 알림을 확인하기 전에 5까지 숫자를 세라. 브라우저에 30개가 넘는 탭이 열려 있어서 다른 탭으로 이동하고 싶을 때, 5까지 세라. 그런 다음 사용 중인 탭을 제외한 29개의 탭을 닫아라. 냉장고를 열어보고 싶은 마음이 한 시간에 벌써 두 번이나 들었다면, 가만히 앉아 10까지 세라. 반응하려고 하는 충동에 저항하라.

첫 번째 전환 충동에 응하려고 할 때 (갑자기 인스타그램을 확인하고 싶어지는 충동), 당신의 마음에서는 갑작스럽고 시급한 생각에 반응하는 조건반사가 일어난다. 어떤 것이 갑자기 생각났다고 해서 그것에 대해 꼭 반응해야 하는 것은 아니다. 갑자기 찾아온 생각에 대해서 판단하는 시간을 가져라.

우리는 하루에 5만 가지 이상의 생각을 한다. 이 중에서 많은 것이 행동이나 습관을 개선하는 데 해롭다. 갑자기 급하게 딴 데로 빠져서 무언가를 확인하고 싶은 마음을 쳐내야 한다. 여기서 우리의 임무는 벽장에서 탈출하고 싶어 하는 즉각적인 만족이라는 괴물을 막아내는 것이다. 그 괴물을 잘 가둬둔다면 결국은 조용해질 것이다.

현재 취할 수 있는 최선의 조치는 이러한 충동적 전환이 발생할 때 알아차리는 것이다. 아마도 빈번하게 발생할 것이다. 나는 업무를 처리하는 한 시간 동안 몇 번이나 갑자기 뛰쳐나가고 싶은 충동을 느끼는지 세어본 적이 있다. 최고 기록은 마흔일곱 번이었다. 거의 1분에 한 번꼴이었다. 나는 좋지 못한 멀티태스킹 습관에 빠졌을 뿐만 아니라, 현실과 회피 사이에 벽을 만들었다. 그 뒤로 몇 달간 이런 전환 충동을 계속 세어보았다. 한 시간에 일곱 번까지 줄이게 되었다. 집중력이 매우 향상되었다.

호흡은 당신을 현재 지금 이 순간과 연결해주는 강력한 수단이다. 가만히 앉아서 자신을 관찰하며 계속해서 깊게 숨을 들이쉬어라. 토끼 굴속으로 탈출하고 싶은 마음이 들 때마다 이렇게 하라. 이런 상황은 보통 하기 싫은 일이나 마주치고 싶지 않은 상황에 직면해야 할 때 생긴다. 힘든 일이라는 것은 처음에 마주하는 몇몇 순간에 저항이 가장 강하다. 그러나 마음을 가라앉히고 심호흡에 집중하면 당면한 일과 업무에 적응할 수 있게 된다.

> 도망쳐서 숨고 싶은 애초의 충동으로 인해
> 미루기의 악순환이 시작된다.

당신이 있는 곳에 그대로 있어라. 숨을 들이쉰 후 5초간 숨을 참아보라. 그런 다음에 5초간 숨을 내쉬어라. 일하다가 생각이 날 때마다 이 연습을 해보자. 천천히 습관으로 만들어 뇌의 충동적 전환을 길들여라.

POINT

- 충동에 빠져들기 전에 기다림의 시간을 가져라. 갑자기 빠져나와서 무언가를 확인하고 싶어질 때, 5까지 세라. 그다음엔 10까지 세라.
- 깊게 숨을 들이쉬어라. 깊은 호흡이 습관이 되도록 연습하라. 일할 때

든, 걸을 때든, 운전을 할 때든, 스트레스를 받을 때든.

- 충동적 전환을 주도적으로 다루고 싶다면 빈도를 세는 게 도움이 된다. 옆에 메모장을 두고 갑자기 다른 일로 넘어가고 싶은 충동이 들 때, 호흡하면서 5까지 세라. 그것을 하나로 표시하라. 그 충동을 늦출 수 있을 때 수를 세는 것이 핵심이다. 당신이 더 잘 알아차리게 된다면 전환 충동은 줄어들 것이다.

② 외면했던 것들을 직면하라

"들판에 토끼 아홉 마리가 있다고 하자. 그중 한 마리를 잡고 싶다면 그 한 마리에만 집중해야 한다."

— 마윈馬雲

미루고 싶어 하는 당신은 사실 '목록 만들기'를 좋아한다. 나는 다음과 같은 목록으로 하루를 시작하곤 했다.

- 원고 A4 열 장 분량 쓰기
- 화장실 청소
- 이메일 확인하고 회신 보내기
- 블로그 게시물 작성
- 할 일 목록 수정
- 이메일 다시 확인하고 또 회신 보내기

그렇게 하루가 시작되면, 나는 해야 할 일과 긴급한 업무를 종종거리며 쫓다가 점심시간쯤에 완전히 지쳐버린다. 오전 내내 내 컴퓨터에서 서른 개 이상의 탭을 열고, 세 종류의 작업을 수행하면서, 이 일에서 저 일로 왔다 갔다 하느라 정신이 없어서 그 어떤 것에도 집중하지 못한다.

잘 미루는 사람은 목록을 작성해서 바쁘게 보이는 것을 좋아한다. 제대로 마무리되지 않은 일을 덮어두고 또 다른 일로 넘어가기 일쑤다. 계획을 세우고 또 세우기를 좋아하며, 실제로는 절대로 완료하지 못할 모든 할 일의 목록을 작성한다. 사실상 이런 계획은 실패할 계획이다. 아무 데도 갈 수가 없는 미완성의 다리에서 끝나버리는 일들이 쌓여간다.

당신은 좋은 의도로 시작했을 것이다. 열심히 일하고 일을 잘 끝내려 했을 것이다. 그러나 당신이 집중하게 되는 일은 중요한 것이 아니라, 간단하지만 중요하지는 않은 일일 수 있다.

목록 작성부터 다시 해야 한다. 아래의 내용들을 모두 포함한 목록을 만들어보자. 브레인스토밍 형식으로 종이에 펜으로 써도 되고, 워드나 구글 문서 같은 것을 사용해도 좋다.

- 집, 사무실 또는 개인 생활에서 완료하지 못한 일
- 시작하려 했으나 아직 시작하지 못한 프로젝트
- 긴급한 사항이어서 최대한 빨리 처리해야만 하는 일
- 수리가 필요한 물건과 구석에 밀어둔 잡동사니들
- 몇 년간 손질하지 않아 털이 덥수룩해진 반려동물
- 그 밖에 당신의 정신적인 공간을 차지하는 해야 할 필요가 있고, 해야만 하고, 안 하면 안 되는 모든 것

목록 작성을 시작하는 방법

당신이 피하고 있는 힘든 일에 대해 생각해보라. 재무 기록을 업데이트하는 것인가? 규칙적인 운동을 시작하는 것인가? 불편한 주제에 대해 자녀와 이야기하는 것인가? 이직을 위해 이력서를 업데이트하는 것인가? 컴퓨터 바탕화면을 정리하는 것인가? 지금 당장 마음에 떠오르는 것부터 목록으로 만들어라. 시작하지 않은(또는 끝내지 못한) 프로젝트나, 시작했지만 중간에 포기한 프로젝트 같은 것 말이다. 그것이 무엇인지는 중요하지 않다. 책상을 정리해야 한다면 그것도 목록에 추가하라. 책꽂이에는 몇 년간 건드리지도 않은 책이 수두룩하다. 그것도 적어라. 양식을 만들어서 목록에 추가하라. 당신은 3년간 세금 신고

를 하지 않았다(맙소사!). 목록에 올려라.

이 활동은 어두운 곳에 숨어 있는 것들을 수면 위로 끌어올리는 데 확실한 도움을 준다. 오랫동안 포기하고 있었던 목표, 작성하지 않은 보고서나 신청서, 고치지 않아서 계속 부서진 채 있는 집 주변의 것들이 쏟아질 것이다. 지금 해야 할 일은 당신이 외면해온 것이 무엇인지 깨닫는 것이다. 당신이 얼마나 사소한 것까지 묵혀놓고 있었는지 깨달아보자. 짧게는 며칠간, 길게는 몇 년간 많은 일들을 모른 척해왔다. 하루 계획 목록을 짜는 것보다 이게 훨씬 중요하다. 직면해야 달라진다. 도망가지 않고 직면했다면, 이제 당신은 변화할 준비가 됐다.

POINT

- 지금부터 5분간 힘들어서 미루는 일 목록을 만들어보자! 완벽할 필요는 없다. 중요한 건 나의 회피 성향을 극복하려는 용기다.

일에 가속도가 붙으면 미루기가 싫어진다

"행동 없는 비전은 백일몽에 불과하고,
비전 없는 행동은 악몽일 뿐이다."
— 페트르 루드비크Peter Ludwig, 『미루는 습관을 이기는 작은 책』 중에서

앞에서 만든 목록을 살펴보라. 이제껏 미뤄왔던 일이 다섯 개일 수도 있고, 그보다 훨씬 많을 수도 있으나 적으면 적을수록 좋으므로, 지금 당장 항목을 다섯 개로 좁혀보자. 나머지에 대해서는 일단 잊어도 좋다. 욕실 청소가 목록에 있었다 하더라도, 생활에 큰 지장 없이 계속 화장실을 쓰는 게 가능하다면 며칠 더 놔둬도 별 차이는 없을 것이다. 다섯 개 항목은 당신에게 영향력이 큰 것이어야 한다.

이제 목록에서 딱 한 가지를 선택해보라. 오늘 끝낼 수 있는

일이면 좋다. 시간이 너무 오래 걸리면 빨리 끝내지 못하고 포기할 테니까. 최대한 빠르게 완료할 수 있는 일을 선택하라. 이것이 오늘의 작은 성취가 될 것이다. 자, 이제 이 한 가지를 실행하기로 결심하라. 첫 번째 걸음을 내딛음으로써, 당신은 가장 쉬운 결심을 하는 것이다. 바로 시작한다는 결심 말이다. 그냥 이렇게 말하라. "지금 하자!"

해야 할 일이 많더라도 할 수 있는 일은 단 한 가지라는 것을 명심하라. 지금 당신이 내려야 할 결정은 이것이다. 할 것인가, 말 것인가? 하겠다고 결정했다면 모든 걸 걸어야 한다. 이일을 바로 지금 당장 하겠다고 자신과 약속하자. 무엇을 먼저 해야 할지 모르더라도 말이다. 프로젝트를 시작하지 못하게 하는 가장 큰 장애물은 사실 '프로젝트를 시작하는 것' 그 자체다. 아무것도 시작하지 않는 것보다 백 번 넘게라도 시작하는 것이 낫다. 그러려면 '하겠다는 결정'을 내려야 한다.

결정에는 가속도가 따라붙는다.
하겠다고 결정하겠다는 것이 더딜 뿐이지,
일단 결정하고 나면 일은 빠르게 진행된다.

구체적인 결정을 내리는 것은 강력한 행동 조치다. 어떤 태도를 취한다는 뜻이다. 결정을 하고 움직이는 순간 당신이 전적으로 책임을 지게 된다. 이것이 변화를 향한 첫걸음이다. 만일 시작하지 못하고 우물쭈물하는 상태라면, 어디로 갈지 진정으로 결단을 내리지 못했다는 뜻이다. 운전석에 앉았는데, 목적지를 정하지 않았기에 뭘 해야 할지 몰라 혼란스러운 상황과 같다. 아니면 가고 싶은 곳은 있지만 길을 모르거나. 행동 단계에 대해서는 다음번에 다룰 것이고, 지금은 이것을 하겠다고 결심만 하면 된다. 시작하기 위한 첫걸음을 지금 내디더라.

POINT

— 결심하라. 당신 주변에 당장 주의를 기울여야만 하는 완료되지 않은 일이 있는지 살펴보라. 지금 바로 하기로 결심하라. 시간이 얼마나 걸릴지 또는 당신이 제대로 해낼 수 있을지 걱정하지 마라. 그것에 대해서는 일하는 동안 알아낼 수 있다.

— 내려야 하는 결정의 수를 최소화해야 한다. 한정된 시간 동안 더 많은 결정을 내려야 할수록 더 피로해지고 결정도 미루게 되는 경향이 있다. 내려야 할 결정의 수를 최소화해서 중간에 방해가 되는 저항을 제한하면 신속하게 결정을 내릴 수 있다.

— 목적지를 확실히 하라. 당신이 미루는 이유는 가야 할 방향을 확실하게

정하지 못했기 때문일 수도 있다. 당신이 무엇을 해야 할지, 어떻게 해
야 할지 머릿속으로 그림을 그려놓는다면 시작이 훨씬 수월해진다.

타임 블록:
딱 5분의 마법

"우리가 반복적으로 하는 일이 우리가 누구인지를 말해준다. 그러므로 탁월함이라는 것은 행동이 아닌 습관이다."

— 윌 듀랜트Will Durant

일을 즉시 시작할 수 있는 가장 쉬운 전략은 5분 이내에 할 수 있는 간단한 일을 일정에 넣는 것이다. 당신이 어떤 일을 하는 걸 피하는 상황이라면, 업무에 의도적으로 전념하는 5분간의 단순한 행동이 에너지를 앞으로 나아가게 한다. 짧은 시간이지만, 일에 가속도를 붙이기에는 충분하다.

그 5분만큼은 다른 모든 것을 완전히 차단해야 한다. 이 시간을 '타임 블록'이라고 부르겠다. 다른 상황을 시간적으로 차단(block)함으로써 일에 탄력을 붙이고 저항을 깨는 것이다. 타임 블록은 특정한 하나의 업무만을 목표로 삼는다. 게리 켈러는 그의 저서 『원씽』에서 타임 블록에 대해 다음과 같이 설명한 바 있다. "타임 블록은 시간을 사용하는 데 매우 결과 지향적인 관점의 방식이자 해야만 하는 일을 확실하게 할 수 있는 방법이다." 이 전략의 목표는 어려운 작업을 완료하는 것이 아니라 어떤 일을 시작하는 데 가장 큰 장애물을 극복하는 것이다. 짧더라도 자발적이고 의도적인 행동을 취하면 동기와 활력이 생기고, 그것은 당신을 성취감으로 채워줄 것이다.

5분은 짧지만, 당신이 피하고 있는 한 가지 일을 시작하기에는 충분한 시간이다. 힘든 일을 하기 위한 노력의 80퍼센트는 항상 시작하는 데 있다. 저항은 일하는 데서 오는 것이 아니라 일하는 것을 '생각'하는 데서 발생한다. 당신은 마음속에 저항을 쌓아왔다. 저항은 의도적인 행동을 하지 않도록 에너지를 다른 데로 돌려버린다. 5분 후에 어떤 일이 일어날지 생각하지 마라. 그 생각을 지우고 일을 시작하라.

나는 매일 아침 명상과 심호흡을 한 다음, 5분간의 타임 블록으로 일을 시작한다. 전날 밤에 무슨 일을 할지 정해놓고, 일과를 시작하면서부터 그 일을 하는 것이다. 스마트폰으로 굳이 알람을 설정할 필요도 없다. 당신의 마음은 5분이 어느 정도인지 알고 있다. 앉아서 그냥 하라.

5분간의 타임 블록을 지키되, 계속 진행하고 싶다면 5분이 지나도 멈추지 말고 계속하라. 목표는 작업을 진행하고 추진력과 자신감을 얻는 것이다. 힘든 일을 시작하려고 할 때, "언젠가 되겠지."라고 말하면서 몇 주 뒤, 몇 달 뒤에도 계속 그것에 대해 생각만 하도록 당신을 가두는 저항에서 벗어나야 한다.

어떤 일에 대해 생각만 하고, 실제로 하지는 않는다면 그것은 이루어지지 않는다. 나는 매일 내가 할 일, 해야 하는 일, 해야만 하는 일에 관한 생각을 멈추도록 마음을 단련한다. 나는 그저 그것을 하기로 결심한다. 5분을 차단하고, 그것을 한다. 불평도, 두려움도 없다. 그저 시작하는 것이다.

반복해서 말하지만 어떤 일을 할 때 가장 어려운 단계는 항상 '시작'하는 것이다. 첫 번째 단계를 뭐로 할지만 정하면 쉽게 시작할 수 있다. 이 단계를 의도적으로 밟아라. 지금 하라. 지금이 아니라면 언제 하겠는가? '나중에'라는 건 더 이상 없다. 당신에게는 오늘만 있을 뿐이다.

'나중'이란 건 당신이 지금 할 수 있는 일을
미루고 싶어서 하는 말이다.

- 어떤 일을 할지 정한다.

- 작업을 시작한다.

- 5분간 다른 것을 모두 차단하고 오로지 작업에만 집중한다.

- 추진력이 생기면 10분으로 늘린다. 이것은 당신이 해낸 작은 성취다!

  타임 블록의 목적은 행동을 시작하는 것이다.

5 단 10분도 집중하지 못하는 사람들

"의지력과 집중력을 높이는 한 가지 방법은 산만함이 우리를 좌지우지하지 않도록 하는 것이다."
— 대니얼 골먼Daniel Goleman, 『포커스』 중에서

당신은 마음을 통제하기 위해 끊임없이 고군분투하고 있다. 1분 동안은 최우선 순위의 일을 한다. 그러다가 다음 순간에는…… 고양이 영상을 보고 있다. 고양이를 그다지 좋아하는 것도 아닌데 말이다.

내가 산만함에 중독되어 있다는 점을 깨닫고 나서, 일을 하던 중간에 다른 일을 하러 가고 싶은 생각이 얼마나 자주 들었는지 표시하는 습관을 만들었다. 예를 들어, 나는 이번 주 뉴스레터에 들어갈 글을 쓰고 있다. 매주 화요일에 발송되는 뉴스

레터를 쓰는 데는 보통 2~3시간이 걸린다. 그런데 내가 얼마나 자주 산만해지는지 추적하기 전에는 글 하나를 완성하는 데 보통 3일이 걸렸다. 왜 3일씩이나 걸린 걸까?

계속해서 주의력을 잃는 것. 이것을 설명하는 용어로는 '원숭이의 마음(Monkey Mind)'이 있다. 불안정하고, 가만히 못 있고, 변덕스럽고, 엉뚱하며, 공상에 빠지고, 혼란스럽고, 우유부단하고, 통제할 수 없음을 뜻하는 불교 용어다. 다시 말하자면 원숭이의 마음은 모든 일에 주의가 산만해지는 특징이 있다. 나는 이것을 토끼 꽁무니 쫓기라고 부른다. 이것은 반짝이는 물체 증후군(Shiny Object Syndrome, SOS)의 증상이다.

반짝이는 물체 증후군은 반짝이는 물체를 찾도록 마음을 훈련한다. 그것은 강좌, 정보, 책, 소셜 미디어 광고 같은 것이 될 수 있다. 이러한 것들을 추구해나가는 와중에, 당신은 부서진 물건을 (즉, 완료되지 않은 업무를) 뒤에 남겨둔다. 만일 진행 중인 프로젝트를 마무리해야 하는 순간에 문득 다른 길을 가고 싶은 자신을 발견할 때는 어떻게 해야 할까? 멈춰야 한다. 뒤로 물러서서, 호흡하라.

앞으로 30일 동안 특정 업무에 한 시간 동안 집중한다면 무엇을 성취할 수 있을지 상상할 수 있는가? 무슨 일이 일어날지 내가 알려주겠다. 당신은 당신이 집중하고 있는 그 한 가지 일을 끝낼 것이다. 여기에 숨겨진 커다란 미스터리 같은 건 없다.

미루기와 관련된 문제 대부분은
당신이 가야만 하는 길과는 다른 방향으로
달리고 싶은 충동에서 비롯된다.

당신은 항상 차선책을 추구하고 있다. 필요하거나 원하는 것이 무엇인지 명확하지 않은 상태로 이런저런 아이디어들을 넘나든다. 하던 일을 계속해서 바꾸면 빨리 지치게 된다. 결국 시간, 돈, 자원을 낭비하게 된다. 반짝이는 물체 증후군은 당신의 에너지를 갉아먹는다. 업무에 적합한 정보나 도구가 없는 것보다 너무 많은 것이 더 나쁘다. 집을 지을 때는 망치가 다섯 개나 필요하지 않다. 좋은 망치 하나면 충분하다.

반짝이는 물체 증후군은 마음의 상태다. 당신이 뇌를 다시 길들이기 위해 의식적으로 노력하기 전까지 이것은 계속해서 당신의 마음을 사로잡는다. 반짝이는 물체 증후군의 부정적인 영향은 다음과 같다.

첫째, 프로젝트를 완료할 수 없다. 진행 중인 프로젝트에서 의미 있는 결과를 보기도 전에 다른 프로젝트에 흥미가 생기면 거기에 뛰어들기 때문이다.

둘째, 아이디어와 지침에 대한 계획이 빈약하다. 반짝이는 물체 증후군이 있는 사람은 전략이나 변화 그 자체보다는, 주어진 전략을 추구할 때 느껴지는 짜릿함이나 특정한 변화를 만들어내는 것에 더욱 집중하는 경향이 있다. 예를 들어, 당신은 새로운 제품에 대한 아이디어를 내고 이를 개발하기 시작하는 것은 좋아하지만, 그 아이디어를 바탕으로 어떻게 해야 할지에 대한 장기적인 계획은 세우기가 어렵다. 결국 잠재성은 충분히 발현되지 않고, 결과를 제대로 실현될 수 없게 된다.

셋째, 지출이 많다. 근사하고 효과적이며 사용하기 재미있는 수백 가지의 비즈니스용 기술 도구가 있다. 이 모든 서비스에 가입하거나 이 플랫폼에서 저 플랫폼으로 왔다 갔다 하면 비효율적으로 지출하게 된다. 결과적으로 정말 필요한 곳에 투자할 수 있는 자금이 줄어든다.

산만함을 통제하는 법

선택을 통제하라. 요즘 마케팅 담당자들은 모든 물건을 긴급한 '필수품'이라고 마케팅한다. 생산성에 관한 훌륭한 책이 이미 한두 권 있는데도 왜 열 권씩이나 필요한가? 소프트웨어 한 개만 있어도 원하거나 필요한 모든 것을 수행할 수 있는데, 세 가지씩이나 구독할 필요가 있을까? 잡초 속에서 길을 잃으면, 정원의 열매에 관한 관심을 잃어버린다. 반짝이는 물체 증후군은 중요한 작물 대신에 잡초에다가 물을 주는 격이다.

산만함은 외부적인 문제가 아니라 당신 마음의 문제다. 당신의 주의를 끌고 싶어 하는 모든 것을 통제하는 방식으로 산만함을 통제할 수는 없다. 그저 지금 당신의 관심이 필요한 한 가지에 집중하면 된다. 당신이 선호하는 선택지를 한정한 다음에 선택하라.

산만함은 집중의 문제지,
해내야 하는 일이 너무 많아서 생긴 결과가 아니다.

토끼 열 마리가 들판을 돌아다니고 있다면, 쫓을 토끼를 한 마리 정해야 한다. 나는 수년간 반짝이는 물체 증후군에 빠져 있었다. 이것저것을 사고 이런저런 서비스를 체험해보다가 완벽한 서비스를 구매할 수 있게 된다면, 모든 것을 쫓아다니기를 멈출 수 있게 될 거라고 확신했었다. 그러나 그 확신은 틀렸다. 그러고 나면 또 새로운 것이 생겼다. 이 증후군의 문제는 내가 항상 더 나은 다음 옵션을 찾고 있다는 것이다. 그런데 방금 구매한 것보다 더 나은 옵션은 언제나 있게 마련이다.

구매 버튼을 클릭하기 전에 집이나 회사에 있는 누군가와 상의하라. 이런 툴, 강좌나 서비스가 꼭 필요할까? 그것이 당신의 일상과 업무에 제공하는 이점이 무엇인지 떠올려보라. 아마도 생각할 시간이 주어지면 사실은 별로 필요하지 않다는 것을 깨닫게 될 것이다. 그뿐만 아니라 거의 같은 기능을 수행하면서도 실제로는 더 좋고 저렴하기까지 한, 또 다른 유사한 제품이나 서비스를 몇 주 안에 보게 될 것이다.

한 번에 한 가지씩 하라. 지금 한 프로젝트에 몰두하고 있다면 현재 집중하고 있는 것과 상관없는 다른 것이 필요하지 않다. 야심이 지나치면, 실제로 씹을 수 있는 것보다 더 많이 물어뜯게 될 수도 있다. 프로젝트를 완료하고 난 후에도 이 '반짝이는 것'이 최고의 도구라는 생각이 들면 그것을 붙잡아라. 아마도 당신이 한 가지 일을 끝냈을 때쯤에는 그에 관한 모든 것을 잊어버렸을 것이다.

목표를 검토하라. 월별 및 분기별 목표를 확인하라. 목표를 적어두지 않았다면 내 책『당신의 원대한 목표에 힘을 실어라』를 참고해서 거기에 나온 대로 해보라. 목표를 검토하면 모든 것이 정렬된다. 반짝이는 물체가 지금 하는 일과 관련이 없다면, 건드리지 마라.

여기서 많은 사람이 실패한다. "그래도 지금 봐놓으면 나중에 쓸 일이 있겠죠!"라고 말할 수도 있다. 아마 당신은 나중에도 그것을 쓰지 않을 것이다. 3개월 후에 필요해지면 그때 찾아보면 되지 않겠는가? 그것은 당신을 기다릴 수 있고, 당신도 그렇게 할 수 있다.

핵심은 반짝이는 물체 증후군이 주의를 산만하게 해서 미루는 습관으로 이끈다는 것이다. 그러면 미루는 습관이 더 심해진다. 우리는 미루는 습관을 고치고 싶지, 더욱 심해지게 방치하고 싶지 않다. 당신이 자신의 상태를 깨닫기만 하면, 그것을 고칠 수 있다. 나는 내가 구매한 모든 것과 등록한 모든 강좌를 살펴보기 전까지는 나에게 반짝이는 물체 증후군이 있다는 사실을 깨닫지 못했다. 나에게 문제가 있다는 것을 깨닫고 나자,

모든 것이 바뀌었다.

이 문제를 해결하기 위한 방법이 있다.

멈추자(Stop). 아무것도 하지 말자.

생각(Think)해보자.

믿음직한 사람과 함께 장단점에 대해서 의논(Argue)하자.

24시간 동안 그대로(sTay) 있어보자.

48시간 후에 그것을 다시 살펴보자(revIsit).

먼저 해야 할 일을 완료(Complete)하자.

나는 이것을 STATIC(static은 정지 상태를 뜻하는 단어기도 함 — 옮긴이) 방법이라고 부른다. 너무 많은 선택에 압도당하거나 혼란스러워서 집중하기 어려울 때, STATIC 단계를 기억하고 속도를 늦춰보라. 충동적인 결정을 내리지 않도록 하라. 멈추고 생각하라. 마음이 조급하거나, 마음에 100퍼센트 들지도 않는 물건을 급하게 사려고 할 때, 아무것도 하지 마라. 서두르지 마라. 의욕이 넘친다고 해서 눈에 보이는 모든 것에 뛰어들어서는 안 된다.

반짝이는 물건 찾기를 포기하면 업무와 정신건강에 많은 도움이 될 것이다. 48시간이 지나면 당신은 완전히 다른 느낌을

120

받을 것이고, 숙고할 시간을 가지길 잘했다고 생각할 것이다. 언제나 살짝 부족한 것이 더 많은 것을 가져다준다. 가장 효율적이고 가성비 좋은 툴과 서비스면 된다. 비슷비슷한 기능의 여러 가지 도구가 엄청나게 많을 필요는 없다.

POINT

- 이제 당신은 반짝이는 물체 증후군이 무엇이며 어떻게 관리해야 하는지 알았으므로, 이를 추구하려는 유혹에 대해 계속해서 의식하라. STATIC 전략을 사용하라.

- 짓고 있던 다리를 끝까지 지어라. 반쯤 지어놓은 다리라는 말이 있다. 반만 지어놓은 다리로는 반대편으로 갈 수 없다. 물건을 만드는 회사를 생각해보자. 제품을 완성하고 출시하는 대신 새로운 제품을 만들기 시작한다면, 무엇을 팔 수 있겠는가. 하던 일을 끝내라. 한 번에 한 가지씩 하라. 다음 것을 하기 전에, 하고 있던 프로젝트를 완료하라.

- 자료 조사 시간을 줄여라. 새로운 것을 찾지 마라. 필요한 정보가 있는데, 왜 더 찾으려고 하는가? 강좌나 책, 설명서가 있는데도 뭐가 더 필요할까? 아마 필요 없을 것이다. 반짝이는 물체는 새로운 것을 얻었다는 행복감을 준다. 새 차를 사는 것과 같다. 그리고 몇 주가 지나면 더 나은 모델로 교환하고 싶어진다. 가지고 있는 것에 충실하라.

⑥ 인생의 주도권을 잡아야 습관도 잡는다

"계단 전체를 볼 필요는 없다. 첫 번째 계단에 발을 내딛기만 하면 된다."

— **마틴 루터 킹**Martin Luther King

인생에서 두 번째로 파산 신청을 할 뻔했을 때, 나에게는 비난할 사람과 장소가 많았다.

- 카드를 너무 쉽게, 많이 발행해준 은행의 잘못이다.
- 내가 돈을 흥청망청 쓰는데도 뜯어말리지 않은 아내의 잘못이다.
  (사실 아내는 여러 번 경고했지만, 나는 간섭을 피할 수 있는 꾀를 찾아냈다.)
- 괜찮은 물건이 언제나 너무 많은 아마존의 잘못이다.
  ('바로 구매' 버튼이 유혹하는데 어떻게 참을 수 있겠는가!)
- 내 능력을 몰라보고 충분한 연봉을 주지 않은 회사의 잘못이다.

현실에 부딪혀 허우적대던 어느 날 한 동료가 나에게 지적했다. "있죠, 빚에서 빠져나오기 위해서 할 수 있는 일을 하고, 과소비를 멈췄다면 이런 일은 벌어지지 않았을 거예요."

내 상황을 살펴보니 무대 뒤편에서 만성적인 꾸물거림의 패턴이 작용하고 있었음을 알 수 있었다. 나는 지출 내역을 확인하고 재정 계획을 세우는 대신, 행동하지 않는 것에 대한 평계를 만들었다.

"난 그런 걸 잘 못 해."(그런 일을 잘 못 한다는 이유로, 같은 행동을 계속할 수 있는 권한이 생긴다.)

"안 해도 돼. 내가 어디에 쓰고 있는지 정확히 알고 있으니까."(사실은 몰랐다.)

아내와 소비와 대출 문제에 관해 이야기하는 대신에 나는 '아내는 지금 우리 상황에 대해 잘 알고 있어. 심각한 상황이라면 무슨 얘기를 했겠지.'라고 생각했다. 나는 이야기를 꺼내는 일을 미루고 있었다. 불편하고 힘들기 때문이었다. 그 패턴은 고통스러울 만치 분명하다.

불에 타는 집을 보고 방화범을 찾았지만,
성냥을 손에 쥐고 있는 사람은 바로 나였다.
다른 사람들은 이미
불타는 건물에서 도망치고 없다.

힘든 일을 먼저 하기 위한 첫 번째 단계는 자기 삶에 온전히 주도권을 갖는 것이다. 미루는 방식에 주인의식을 갖는 순간 당신의 모든 것이 바뀔 것이다. 나의 행동을 바꿀 수 있는 사람은 나밖에 없다. 이것은 부담스러운 짐이 아니라 엄청난 선물이다. 주도권은 당신이 생각하고 말하고 행동하는 모든 것에 영향을 미친다. 생각하는 방식(당신의 믿음), 느끼는 방식(당신의 감정), 당신을 행동하게 만드는 트리거(당신의 행위) 모두 당신의 영향력 아래 있게 된다.

힘든 일을 미루는 행동은 '나중에 해야지.'라는 단순한 생각에서 시작된다. 내가 하지 않는다고 해도, 분명 다른 누군가가 할 것이라고 생각한다. 그러나 어느 누구도 할 수 없다. 아무도 하고 싶어 하지 않는다. 불이 붙기 전에 집이 타지 않도록 막아야 한다. 자기가 자신을 돕지 않는다면 아무도 자신을 구조하러 오지 않는다. 미루는 선택을 하는 건 오로지 당신이다.

당신은 일단 마음속으로 미뤄둔다. 그런 다음, 왜 그 일을 할수 없는지 변명의 벽을 쌓아 올리고는, 아무도 뚫지 않기를 바라며 방어벽 뒤에 숨어 있다. 그러나 당신이 한 일은 자기 마음의 감옥을 만든 것뿐이다. 당신이 맞서 싸우고 있는 것은 세상이 아니라 당신 자신이다. 당신은 벽 뒤에 숨어 있는 것이 아니라 자신의 성을 소유하고 장악해야 한다. 그것이 주도권이다.

자신만의 방어체계 구축하기

당신은 자기 삶을 온전히 주도함으로써 자신만의 경험을 창조할 수 있다. 성공을 위한 전투의 절반은 당신이 만성적인 습관을 방어하기 위해 구축한 변명, 비난 및 도피 전술이라는 방어벽을 극복하는 것이다. 나는 자신에게 물어야만 했다.

"얼마면 충분할까?
대체 나 자신과 가족, 동료들을
어디까지 실망시키고 싶은가?
나의 성장을 돕는 행동을
얼마나 더 미룰 것인가?"

자유는 변화를 만들어내는 능력이며 우리는 자신이 원하는 무엇이든 만들 힘이 있다. 미루는 습관은 모든 면에서 당신을 무력화시킨다. 당신을 약하게 만들고 크고 작은 실패로 이끈다. 자, 이제 당신을 실패에 이르게 하는 오래된 습관과 행동을 버리고 새로운 현실을 창조할 차례다. 오로지 당신만이 할 수 있는 일에 대해서 책임을 져야 한다. 다음과 같은 경우 당신은 책임을 지는 데 실패한 것이다.

- 어떤 일을 할 수 없는 이유에 대해 변명한다.
- 덜 중요한 작업을 우선순위로 지정한다.
- 성공하지 못한 이유를 다른 사람 탓으로 돌린다.

회피하는 습관을 끊고 성공하고 싶다면 다음과 같이 하라.

- 변명을 그만두고 "안 될 거 뭐 있어?"라고 생각한다.
- 무의미한 일의 우선순위를 낮추고, 원하는 결과를 얻을 수 있는 최우선 순위에 집중한다.
- 비난하는 습관을 버리고 온전한 주인의식을 갖는다.
- 판단과 비난을 멈추고 사람들이 최선을 다한다는 점을 인정한다.

구구절절한 변명 끝내기

나는 인생이 내가 원하는 방식으로 작동하지 않는 이유를 설명하기 위해 많은 변명을 하곤 했다. 내 변명은 "나중에 해도 돼"에서 "그냥 내가 잘 못하니까" 또는 "누군가가 알아서 하겠지(나만 아니면 돼)"까지 다양했다. 변명을 너무 많이 한 나머지, 피해의식은 커져만 갔다. 아직도 내 머릿속에서 이런 목소리가 들리는 듯하다.

"그 사람한테 신경 쓰라고 분명히 말했잖아. 내가 이렇게 된 건 그 사람 때문이야!"

"사람들은 왜 늘 나한테만 그래?"

언제나 탓할 누군가 또는 무언가가 있었다. 상사, 부모, 자녀 또는 내가 관련이 없는 상황(내가 만들었더라도) 등. 내가 즐거운 경험을 했다면, 그건 내 덕이었고, 불쾌한 경험을 했다면 그건 다른 사람 탓이었다.

실패로 가는 길은 죄책감, 수치심, 비난의 수렁으로 가득하다. 실패라는 건 그 실패에 대해 외부 사건이나 환경 또는 누군가를 비난하는 것을 의미한다. 이것은 더 큰 규모로 더 많이 실패하는 비결이다. 사실 실패 자체는 괜찮다. 실패를 통해 배우는 것들이 있다. 단, 실패를 바로 받아들여라. 불평하면서 피해자 코스프레를 하기 시작하는 순간, 자기 자신의 힘은 포기하는 것이나 마찬가지다. 당신의 소중한 자원인 감사, 사랑, 수용을 흘려버리지 않길 바란다.

힘든 일을 먼저 하는 것은 생각만큼 어렵지 않다. 그저 해야 할 일은 하겠다고 스스로 결정을 내리면 된다. 그리고 힘든 일을 우선순위로 만드는 것이다. 선택하라. 지금 할지, 아니면 나중에 할지.

POINT

― 당신이 자주 불평하는 대상을 다섯 명 꼽아 그 이름을 적는다. 이름 옆에는 그들의 장점을 세 가지씩 적는다. 훗날 당신이 불평하는 자신을 발견할 때, 그들의 장점을 다시 읊어본다.
― 삶에서 당신이 책임지기를 피하는 한 가지 영역을 찾아라. 인간관계인가? 재정 상황인가? 직장에 관한 것인가? 위의 모든 경우 가장 신경 써야 할 한 영역을 꼽아본다.
― 마지막으로, 매일 아침 일어나면 자신만의 확언을 암송하라. "이것은

내 인생이고 전적으로 내 책임이다. 이제 오늘 하루를 시작해보자.", "나는 오늘 무조건 힘든 일을 먼저 할 것이다." 등 스스로 만든 문장을 입으로 내뱉어보자.

⑦ 하다 말고 도망가고 싶은 마음 다스리기

"반쯤 마친 일만큼 인격에 치명적인 것은 없다."

— 데이비드 로이드 조지David Lloyd George

　　몇 년 전 내가 근무하던 회사에서 매주 금요일마다 하는 일이 있었다. 전 직원이 퇴근하기 한 시간 전, 하던 일을 멈추고 '천장'을 닫는 데 시간을 할애하는 것이었다. 그때 나의 상사는 생산성이 높은 사람이었는데, 하루 업무가 끝날 때면 30~45분간 시간을 내서 늘 같은 작업을 했다. 천장을 닫는다는 것은 하던 일을 완전히 마무리하는 것을 뜻한다. 그는 닫히지 않은 천장이 스트레스를 유발하며, 시간이 지날수록 불안감을 높인다고 말했다.

"보낼 수 있었던 이메일 하나,
공유하지 않은 문서 하나에 대해 생각하면서
남은 주말을 보내고 싶습니까?"

그가 옳았다. 열린 천장(미완성 작업)을 그대로 두고 사무실을 떠나면 주말 내내 마음이 불편할 것이다. 미루지 않으려고 노력하는 중이었던 나는, "월요일에 이것부터 해야지."라는 함정에 빠지곤 했다. 하지만 금요일에는 이렇게 물어야 했다. "월요일 아침이 오늘보다 나을까? 사무실에 도착해서 한 시간 동안이 일을 할 수 있는 게 확실할까?"

지금보다 다음 주에 시간이 더 많으리라 생각하는 것은 실패에 이르는 길이다. 나에게는 이것을 이길 수 있는 전략이 있다. 나는 다음 주에 직장에 도착해서 일하는 나의 모습을 상상해봤다. 이미 기한이 지난 중요한 작업을 끝내려고 작정했는데도, 일이 너무 많은 나머지 오늘 할 수 있었던 일마저 끝내지 못하고 허우적대는 모습이다. 스트레스, 압박감, 고통……. 오늘 미루기로 결정하면, 이런 것들이 월요일에 나를 기다리고 있다.

그날 밤, 나는 내 삶에서 (직장과 집에서) 열려 있는 천장의 목록을 만들기 시작했다. 그리고 눈에 띌 수 있게 이 목록을 벽에 붙여놓았다. 내가 힘든 일을 무시하고 싶어 하는 마음에 대해 다루고 있었다는 걸 기억하라. 메모를 눈앞에 두면 외면하기가 어렵다. 노트에 적는 것도 좋지만 결국 노트를 닫은 다음에는 옆에 밀쳐두는 것으로 끝나기가 쉽다. 눈에서 멀어지면 마음에서도 멀어진다. 당신은 열린 천장 목록에 책임져야 한다. 스무 개에 달하는 항목이 있을 수 있지만, 그 수는 중요하지 않다. 중요한 것은 그것이 무엇인지 알고, 한 번에 하나씩 해나가면 된다는 사실이다.

내가 만든 나쁜 습관 한 가지는 일을 시작만 하고 절대로 끝내지는 않는 것이었다. 나는 프로젝트를 시작해서 중간쯤까지 한 다음, 다른 프로젝트를 시작하곤 했다. 한 가지를 시작하고 몇 분이 지나거나 중간 정도까지 하면 멈추고는 다른 것을 시작하는 것이다. 문제는 내가 시작한 일에 대해서 기억해야만 다시 돌아가서 끝낼 수 있다는 거였다. 이것은 일상을 살아가고 일을 할 때 쉽게 지치게 하는 방식이다. 이 방식은 결국 번아웃을 부른다. 또한 열린 천장은 계속해서 우리를 과거와 연결시킨다. 완료되지 않은 것들에 대한 죄책감이 잠재의식을 무겁게 짓누르고, 이 때문에 끊임없는 스트레스와 긴장에 시달린다.

지금 당장 당신이 끝내지 못한 일 세 가지를 생각해보라. 기분이 어떤가? 천장을 닫으면 스트레스가 줄고, 자신감이 높아지며 자신의 마음을 통제할 수 있게 된다. 천장 하나를 닫으면 또 다른 천장에서 더 많은 일을 수행할 수 있다. 작은 언덕 하나를 정복한 다음, 자신에게 물어보라. "좋아, 이제 어떻게 하는지 알겠어. 다음은 뭐지?" 내딛는 모든 발걸음은 또 다른 발걸음으로 이어지고, 결국 아주 많은 단계를 정복하게 될 것이다. 그러면 당신의 시작을 방해했던 것이 무엇이었는지 의아해질지 모른다.

POINT

- 일과를 끝내기 15분 전에 열린 천장을 닫는 작업을 시작하라. 더 오래 걸린다면 더 일찍 시작하거나, 근무 시간을 연장해서라도 완료하라.
- 지금까지 얘기한 기술을 지금 써볼 수 있다. 시간을 차단하고, 할 일을 적어두고, 일정에 추가해서 실행에 옮겨라. 지금 자신에게 몰두해서 그것을 끝내라.

8

집중을 놓쳐도
우선순위로 돌아오라

"일정에 있는 일의 우선순위를 정하는 것이 아니라
당신이 우선하는 일의 일정을 짜는 것이 핵심이다."
— 스티븐 코비Stephen Covey

마주한 순간에 충실하고 힘든 일을 지금 해나간
다면, 미래에 불안한 것들이 사라진다. 게리 켈러는 『원씽』에서
다음과 같이 말한다. "탁월한 결과를 얻어내는 능력은 중요한
순간들을 어떻게 하나하나 꿰맞추는가에 달렸다. 주어진 순간
에 당신이 무엇을 하는지가 당신이 다음번에 무엇을 경험할지
를 결정한다. 당신의 '현재'와 '미래'는 모두 당신이 지금 무엇
을 우선순위 삼아서 살고 있는지에 따라 결정된다. 무엇을 우
선순위로 해야 할지를 결정하는 데 핵심 요소는 현재의 자신과
미래의 자신 사이의 싸움에서 누가 이기느냐다."

켈러가 말했듯이, 자신의 행동에 우선순위를 정하는 것은 매우 중요하다. 당신이 해야 할 힘든 일은 우선순위가 될 때까지 할 일 목록에 남아 있을 것이다. 당신이 준비되면 한다고 했을 때, 그때는 지금이 될 수도 있고, 5년 후가 될 수도 있다. 오늘 할 일 목록에 최우선 순위의 일이 열 개씩 있을 필요는 없다. 하나만 있으면 된다. 당신의 집중력을 발휘해야 하는 단 하나의 일 말이다.

하나의 업무에만 우선순위를 지정하기로 마음먹었다면, 나머지 모든 업무는 제쳐놓아야 한다. 목록에 업무가 두 개 이상 있는 경우, 그것들 모두가 당신의 주의를 끌기 위해 싸울 것이다. 당신은 목록에서 가장 중요한 작업을 수행하기보다는, 거의 자동으로 우선순위가 아닌 가장 쉬운 작업을 수행한다.

나는 책상에 붙어 있는 포스트잇 한 장에 쓰여 있는 단 하나의 작업으로 하루를 시작한다. 내 시야에 있는 다른 것들은 (체크리스트, 메모 등을 포함해서) 모두 치운다. 외부적인 것에 주의를 덜 빼앗길수록 일을 더 빨리 할 수 있다. 작업을 완료했다면 그것을 목록에서 제거하고, 다음번 우선순위 항목으로 이동한다. 당신의 최우선 순위가 힘든 일을 먼저 할 수 있도록 매일의 습관을 만드는 것이라면, 가장 먼저 해야만 하는 일로 하루를 시작하라. 여기서 우선으로 해야 할 일은 목록에 있는 것 중에서 '할 수 있는' 또는 '하고 싶은' 일이 아니다. 사례를 통해 구체적으로 살펴보자.

내 친구는 코로나 팬데믹으로 인해 직장을 잃었다. 그는 가상현실을 기반으로 하는 온라인 사업을 시작하기로 마음먹었다. 그의 유일한 수입은 언젠가는 끊기고 말 정부 지원금이었다. 그는 사업을 준비하는 데 6개월을 투자했다. 이 사업은 그의 유일한 임무가 되었다. 그는 아침마다 명확한 목표를 가지고 깨어났다. 나중에 나에게 들려준 이야기에 따르면, 그는 수많은 고초를 겪었다. 피하고만 싶었던 일이 많았다. 그러나 매일 출근해서 시간을 투자했고, 몇 번의 성취를 거두었고, 시간이 지나며 일에 추진력도 붙었다. 9개월이 지나자, 직장에서 받던 수입만큼의 수익이 생겼다. 그뿐만 아니라 그는 자기 일을 무척 좋아했다.

그는 초기에 있었던 내면의 저항을 기억했다. "짐을 싸고 싶었던 날들이 있었어요. '내가 원하는 대로 되지 않으면, 다른 직장을 구하면 돼.'라고 생각했습니다." 그는 곧 실패하고 말 거라고 자신에게 말을 거는 두려움을 무시했다. 대신 직감을 따라서 힘든 일을 했고, 그것을 우선순위로 삼았기에 성공을 거두었다.

회피하고 싶은 자신의 마음을 관찰해보라. 반짝이는 것에 현혹되는 습관은 들러붙기가 쉽다. 다른 것에 정신을 빼앗기면, 그것은 당신이 추구해야 하는 것으로부터 주의를 멀어지게 한다. 컴퓨터의 다른 탭으로 넘어갈 때, 아니면 갑자기 그날의 은행 잔고를 세 번째로 확인해야 했을 때, 자신에게 물어보라.

"이게 지금 내가 해야 할 일과 무슨 상관이 있지?"

대부분은 아무런 상관이 없다.
그것은 당신이 통제할 수 있는
쓸데없고 무작위적인 생각일 뿐이다.

산만함을 추구하기로 결심하는 순간,
당신은 마음이 행동을 멋대로 통제하도록
그냥 두는 것이다.

힘든 일을 먼저 하려면 의도적으로 우선순위를 설정해야 한다. 행동은 행동을 이끈다. 먼저 첫 번째 행동을 취하기로 결심하라. 이 의도적인 행동은 또 다른 행동으로 이어진다. 각각의 작은 일이 다음 일로 연결되어, 우선순위에 따른 일련의 행동이 만들어진다. 만약 하던 일에서 벗어나 전혀 상관없는 다른 일을 하게 되면, 일에 부여된 우선순위가 손상된다.

당신의 관심을 끈 '다른 것'이 패턴을 깨뜨린다.
이제 원래의 궤도로 돌아가려고 해도
시간이 너무 오래 걸리게 된다.

나는 어떤 작업을 하고 있다가 갑자기 다른 것을 하면 길이 딱 끊긴 느낌을 받는다(내가 흐름을 끊은 것이다). 이것을 깨닫게 되면, 이제 선택을 해야만 한다. 계속해서 다른 길로 빠질 것인가, 아니면 엔진을 되돌려 우선순위 작업으로 돌아갈 것인가?

POINT

— 메모지에 내일의 우선순위 업무를 적어본다. 그리고 눈에 잘 띄는 곳에 붙여둔다(나는 세 개의 포스트잇에 최우선 순위 작업을 써놓는다. 하나는 컴퓨터 화면에, 하나는 벽걸이 달력에, 하나는 가지고 다니는 스케줄러 안에 붙여둔다). 놓칠 수 없게 하라. 노트에 적어두면 당신은 그걸 닫자마자 다른 일로 넘어가버릴 것이다.

- 구글 캘린더를 설정해서 하루가 끝날 때 알림을 보내도록 하라. 저녁에 긴장을 풀고 다음 날을 준비할 때 이 모든 작업이 완료되어 있어야 한다. 아침에 일어나서 본격적인 업무에 들어갈 때, 이것이 바로 가장 먼저 해야 할 작업이 될 것이다.

9

기록에는
힘이 있다

"성공은 하룻밤 사이에 얻어지는 것이 아니다. 성공은 할 부다. 전체를 다 얻기까지는 오늘의 조금, 내일의 조금이 있어야 하는 것이다. 무언가를 미루는 날이면, 그날의 성공을 잃는 것이다."

— **이스라엘모어 아이보르**Israelmore Ayivor

연구에 따르면, 목표를 적으면 성공할 가능성이 70퍼센트 더 높아진다. 무언가를 적어두면 기억력 전반이 향상될 뿐만 아니라, 중요한 정보를 더 잘 기억할 수도 있다. 뭔가를 써놓으면 당면한 과제에 집중할 수 있기에 두뇌가 효율적으로 움직인다.

당신의 마음은 게으른 것이 아니라
새로운 행동으로 단련될 필요가 있을 뿐이다.

행동을 단련하려면 작업에 극도로 집중해야 한다. 무언가를 적으면 더 수준 높고 집중된 행동으로 이어진다. 뇌가 모든 것을 기억하느라 바쁜 게 아니라면, 무엇이든 처리할 수 있다. 이런 이유로, 무언가를 적으면 우리의 두뇌가 특정한 순간에 무엇에 집중하고 행동해야 하는지에 대한 우선순위를 정하는 데 도움이 될 수 있다.

기록해야 하는 4가지 이유

❶ 의도를 명확히 하는 데 도움이 된다

무언가를 적다 보면 그 일이 감정과 연결되고, 프로세스도 간결하게 정리할 수 있다. 힘든 일을 먼저 해야 한다고 적어둔다면, 그것을 기억하기가 더 쉬워질 것이다. 종이에 말을 옮겨 적어 글로 쓰는 행동은 마음에 새겨진다. 이렇게 하면 기억력이 향상되고 작업에 대해 의식적인 행동을 하기가 더 쉬워진다. 무언가를 적으면 정말로 중요한 것에 집중하는 데 도움이 되기 때문에, 마음을 더 효율적으로 쓸 수 있다.

❷ 완수한 일을 확인해볼 수 있다

하루에 한 일, 한 주에 한 일, 한 분기에 한 일을 지속해서 작성해둔다면 유용한 문서가 된다. 당신이 완수한 모든 일을 추적하는 데도 도움이 될 것이다. 매월 말에 노트를 다시 살펴보면, 오랫동안 미뤄왔던 몇 가지 힘든 작업을 완료한 것을 발견할 수도 있다. 이렇게 하면 당신이 수행한 모든 힘든 일에 대한 기록을 갖게 된다. 작업을 마치면 목록을 버리지 말고 기록을 해두어서 업무를 추적하는 데 사용하라. 이렇게 하면 성취감이 높아질 것이다.

❸ 집중을 더 잘하게 된다

작업 중인 일이 바로 앞에 붙어 있으면 집중을 유지하기가 더 쉽다. 이를 위해서 나는 작업하고 있는 한 가지를 포스트잇에 바로바로 써두고는 맥북의 터치패드 바로 옆에 붙여놓는다. 일하면서 아래로 눈을 내리기만 하면 볼 수 있다. 내가 하기로 계획한 일을 안 하고 있을 때도 집중력이 이리저리 떠돌아다니지 않을 수 있다.

❹ 다가올 일을 예측할 수 있다

원하는 작업을 상상하면 마음은 그것을 현실로 만드는 방법을 발견한다. 연구에 따르면, 기록을 하는 것은 (우리의 뇌가 그것을 신경 쓰는 한) 마치 우리가 지금 그 일을 하는 것과 같다. 뭔가를 적어놓는 것은 앞으로 할 일을 리허설하는 셈이다.

POINT

- 노트를 별도로 마련해 다섯 번 적어라. 페이지 상단에 날짜를 적고 하루에 한 페이지씩 쓰라. 나는 사용 중인 노트에 힘든 작업 전부를 기록한다. 노트를 적을 때 하려고 하는 일에 대해 구체적으로 쓴다. 적으면 진짜로 그렇게 된다.

⑩ 작은 성공들을 쌓아가라

"성공과 실패의 유일한 차이점은 행동을 취하는 능력에
있다."

— 알렉산더 그레이엄 벨Alexander Graham Bell

작은 행동들이 한데 모이면 커다란 성취로 이어
진다. 미루는 습관이 생긴 이유 중 하나는 당신이 큰 것을 쟁취
하는 데 집착하기 때문이다. 광범위한 프로젝트를 완료하는 데
는 몇 주 또는 몇 달이 걸릴 수 있지만, 작은 성공을 하나씩 헤
아려보면 더 빠르게 추진력을 일으킬 수 있다. 작은 단계부터
시작하여 추진력을 만들어나가라. 작은 발걸음을 꾸준히 내디
디면, 얼마 지나지 않아 당신이 성취할 수 있는 무언가가 나타
날 것이다.

체중을 감량하고 싶은가? 정크 푸드를 한 번에 끊기보다는 일주일 동안 패스드푸드점에 가지 않는다는 목표를 세워보라. "다 끊어버릴 거야."라며 거창하게 접근하기보다는, 조금씩 줄이고 작은 실천을 하라. 수개월 동안 실천하면, 그 습관은 당신의 루틴이 될 것이다. 당신 인생에서 최고로 늘씬해지고 싶은가? 집에서 간단한 운동부터 시작해보라. 팔굽혀펴기 다섯 개부터 시작해서, 30일 동안 매일 한 개씩 추가하라. 그러면 팔굽혀펴기를 서른 개 이상 하는 자신을 발견하게 될 것이다.

책을 쓰거나 블로그를 시작해서 당신의 영역을 확장하고 싶은가? 한 문장부터 시작하라. 컴퓨터 앞에 앉아서 첫 번째 단어를 입력하라. 프로세스는 항상 상상할 수 있는 가장 작은 단계까지 쪼갤 수 있다. 나는 마음속으로 저항감이 아주 컸던 대규모 프로젝트를 시작할 때 이렇게 했다. 저항이 강할수록 타성을 극복하기 위해 더 작은 규모의 행동 단계가 필요했다. 어떤 단계는 구글에 검색어를 입력하는 것처럼 간단한 것도 있었다.

"앞으로 계속해서 나아가기 위해 내가 당장 해볼 수 있는 다음 단계는 뭘까?"라고 자신에게 끊임없이 물어보라. 그런 다음 그것을 하라. 큰 목표를 달성하는 데 필요한 것이 무엇이든, 언제나 그에 필요한 가장 작은 단계부터 시작할 수 있다. 올해

2,000달러를 모으고 싶은가? 하루에 3달러씩 저축하는 것부터 시작하라. 외국어를 배우고 싶은가? 하루에 단어 다섯 개씩만 외워보라.

　나는 5년 만에 일본어 회화를 배웠다. 지금까지 일본어에 완전히 통달했다고는 할 수 없지만, 비원어민 대부분이 겪는 어려움을 상당히 극복하고 제법 유창해졌다. 일본에 오자마자 나는 기본 단어 목록부터 시작했다. 하루에 단어를 다섯 개씩 외워서 1주일에 어휘를 20~30개씩 늘리려고 했다. 시간이 지나자 간단한 문장을 만들 수 있었다. 이런 식으로 매주 간단한 단어를 외우는 것에서 간단한 문장을 만드는 것으로 옮겨갔다. 이렇게 했더니 나날이 발전했다. 이런 성취는 언제나 매일 꾸준히 어떤 행동을 하는 것에서 시작된다. 너무 빨리 너무 많은 일을 하려고 하면 어쩔 줄 모르게 되고, 멀티태스킹을 하기에 이른다. 멀티태스킹은 진행을 더디게 만든다.

　당신의 목표는 발전하는 것이지,
　완벽해지는 것이 아니다.

　한 번에 하나의 벽돌을 쌓아서 집을 지어야 한다. 자동차는 한 번에 한 부분씩 조립해서 완성한다. 아무리 복잡하더라도 모든 것은 기계의 작은 부품 하나에서 시작된다. 하나에 하루씩, 한 번에 한 단계씩. 힘든 일을 단계적으로 수행하라.

올해 당신이 하고 싶은 일이 있다면 무엇이든 할 수는 있겠지만, 오늘 무조건 다 해야 한다는 무리한 접근은 피해야 한다. 점진적으로 오랫동안 진행하는 것이 단기간에 대규모로 진행해서 지쳐버리는 것보다 훨씬 낫다. 인생의 모든 뛰어난 업적은 앞으로 며칠, 몇 달, 몇 년 동안 이렇게 작고 점진적으로 단계를 밟은 결과일 것이다. '즉각적인 성공'을 이룬 것처럼 보이는 사람들은 사실 몇 년에 걸쳐 작은 행동을 꾸준히 실천한 이들이다.

POINT

— 올해의 최우선 순위 목표를 적어라. 이것이 부담스럽게 느껴진다면, 앞으로 30일간의 목표가 무엇인지 생각해보라. 이 목표를 위해 2분이 채 걸리지 않는 일이라도 의도적으로 행동해볼 수 있을 것이다.

— 지금부터 5분 동안 이 목표와 관련해서 당신이 감당할 수 있을 만큼 작은 행동 단계의 목록을 만들어라. 모든 것을 적어두어라. 이메일을 보내야 하는가, 아니면 앱을 다운로드해야 하는가? 읽어야 하는 책을 한 챕터 읽을 것인가?

— 앞으로 몇 주, 몇 달 동안 가속도를 올려보라. 지금으로부터 6개월 후, 지금을 돌아보면 방금까지 한 걸음 한 걸음씩 올라온 산에서 아래를 내려다보는 등산가가 된 기분이 들 것이다.

(11) 안 미루는 사람들의 비밀

"당신은 지체할 수 있지만, 시간은 그러지 않을 것이다."
— 벤저민 프랭클린Benjamin Franklin

    CEO, 예술가 및 성공한 기업가가 멘토와 코치를 고용하는 이유는 무엇일까? 바로 책임감 때문이다. 세계적인 배우 휴 잭맨은 최근 팀 페리스와의 팟캐스트 인터뷰에서 자신에게 개인 코치가 있다고 밝혔다. 그는 매일 일과가 끝날 때 코치에게 자신이 달성한(또는 달성하지 못한) 작업을 메시지로 보낸다. 그의 작업 목록에 있는 어떤 것이 완료되지 않으면 코치는 그가 목표를 달성하지 못한 이유를 찾을 수 있도록 이끌어준다. 휴 잭맨도 자기 행동과 목표에 책임지기 위해 누군가의 도움을 받는다.

당신의 목표와 진행 상황을 다른 사람과 공유하면, 당신은 자신과의 약속에 더욱더 마음을 다하게 되고, 긴장감을 유지하는 데도 도움이 된다. 우리가 스스로 정한 규칙을 깨기는 너무 쉽다. 하지만 잘 훈련받은 사람들조차 다른 이의 도움을 필요로 한다. 책임을 함께 지는 파트너가 있는 것이다. 책임을 함께 지는 파트너(코치 또는 멘토)와 함께 일하면 부담스러운 짐을 덜 수 있다. 당신이 제대로 하지 않으면, 그들은 가만히 있지 않을 것이다. 우리는 자신을 위해서는 의도적으로 행동하지 않더라도 다른 사람을 위해서는 그렇게 한다.

당신이 누군가에게 책임이 없다면 그 누구에게도 책임이 없을 것이다. 나는 당신에 대해 잘 모르지만, 만일 당신이 자신에 대해서만 책임을 진다면 그 책임감을 저버리기가 너무 쉬울 것이라는 점은 분명하다. 자신에게 관대해져서 회피 사이클을 다시 시작하는 변명을 하면서 뒤로 물러나더라도, 그 누구도 질책하지 않을 것이기 때문이다.

"별일 아니야. 내일 하면 돼."
"마감을 미루면 괜찮아."
"아무도 내가 뭘 하든 상관 안 하잖아? 이렇게 시간 좀 끌자."

익숙한 소리 아닌가? 회피하는 자에게 책임이란 매우 중요하다. 누군가가 확인해야 한다는 사실을 아는 것은 일을 시작하는 핵심 동기다. 일을 끝내지는 못하더라도, 한 시간을 투자한다면 거의 성공한 것이나 다름없다. 그러나 중간에 멈춰서는 습관이 있다면 마무리 작업이 어려울 수 있다. 함께 책임을 지는 누군가가 있다면 일을 완료하는 데 도움이 된다. 책임감은 목표 달성의 열쇠다. 이 열쇠는 당신이 '그냥 이유 없이 하기 싫은 날'에 가장 큰 원동력이 되어줄 것이다. 이런 날은 생각보다 자주 찾아온다. 아침에 일어났을 때 의지가 충만했더라도 점심때가 되면 모든 것이 무너질 수도 있다.

책임감의 효과는 다음과 같다.

첫째, 주의가 산만해지는 것을 피하고 궤도를 유지할 수 있게 한다. 산만함은 발전의 적이며, 목표에 다가가는 시간을 엄청나게 늦춘다. 산만함에 면역이 되는 사람은 아무도 없으며, 이는 성과를 아주 많이 내는 사람들도 마찬가지다.

둘째, 책임감은 흐름을 유지하는 데 핵심 역할을 한다. 주의를 산만하게 하는 활동과 비생산적인 행동으로 인해 시간과 노력이 낭비되지 않도록 해준다.

셋째, 책임감은 자신감을 높인다. 누구도 혼자서는 할 수 없으며, 할 수 있다 하더라도 책임감은 자신감과 에너지를 높여준다. 그리고 큰 성공을 거두면 함께 책임을 지는 파트너가 더 열심히 일할 동기가 부여된다. 자신감을 높일 수 있는 윈윈 방식이라 할 수 있다.

넷째, 책임감은 인격을 형성한다. 믿을 만하고 신뢰할 수 있다는 것이 얼마나 중요한지 배울 수 있다. 당신의 파트너는 성취(및 실패)를 공유할 뿐만 아니라, 당신이 하는 말을 열정적으로 경청하고 싶어 한다.

내가 힘든 일을 하지 못한 큰 이유 중 하나는 책임감이 없어서였다. 만일 내가 성공한다면, 잘된 것이다. 나 자신에게 보상을 줄 수 있을 것이다. 하지만 성공하지 못했더라도 크게 반성하지 않았다. 아무도 나에게 "미루지 말고 지금 하세요!"라고 말하지 않았기 때문이다. 자기 스스로 책임을 지는 건 장기적으로는 잘되지 않는다. 자신의 마음에 갇혀 있다면 스스로 엄격하기란 힘들다.

POINT

- 비즈니스 파트너, 친구, 가족에게 책임을 함께 지는 동료가 되어달라고 부탁하라. 하루에 한 번 또는 주말에 한 번씩 확인하는 식으로 말이다. 책임이 설정되면 정기적인 확인 시간을 정하라. 간단한 문자 메시지라도 주고받으면 오늘 분량의 성취를 이끌어내기가 수월해진다.
- 참고로, 나는 누군가를 실망시키는 게 두려워서 다른 이에게 책임 지우기를 주저하는 많은 사람을 알고 있다. 실패에 대한 두려움에 주저하지 마라! 당신은 이 책을 읽는 것만으로도 이미 용감하다. 그러니 책임감 있는 파트너를 찾아내고 성공을 거두길 바란다.

(12) 자신을 달래면서 데리고 가야 한다

"미루는 버릇은 기회를 죽이는 암살자다."
— **빅터 키암**Victor Kiam

　　자신을 잘 대해야 한다. 더 나은 삶을 위해 용기를 낸 자신에게 보상을 하라는 뜻이다. 미루는 습관을 극복하기란 쉽지 않다. 일이 잘 안 된다고 자신을 비난하지 마라.

　쉬는 시간을 가져서 무리하지 않도록 하라. 장애물 하나를 극복했다면, 재미있고 편안하며 일상에 기쁨을 가져다주는 무언가로 자신을 대접하라. 이렇게 하면 에너지 수준이 높아져 다음 도전에 대비할 수 있다. 예를 들면, 나는 일주일에 한 번씩 마사지도 받고, 주기적으로 공원에 들르기도 한다. 다른 보상 활동으로는 영화 감상이나 가족 여행 등이 있다. 늘 생산적으로 일하는 것만으로도 번아웃이 오고 피로해진다. 특별히 중요한 이정표에 도달하거나 목표를 달성한 다음에 보상받도록 마음과 몸을 훈련한다면, 성공이 더욱 소중해질 것이다.

첫 번째 책을 써서 출간했을 때, 나는 가족과 함께 유니버설 스튜디오로 여행 갈 계획을 세웠다. 의미 있는 보상이었고, 보상받기 위해 열심히 노력했다. 당신의 목표가 무엇이든 그것을 달성하면 기념이 될 만한 것을 하라. 그 시간을 즐기면, 당신의 일도 기대되는 무언가가 될 것이다. 힘든 작업을 수행한 후 자신에게 보상할 수 있는 열 가지 아이디어는 다음과 같다.

❶ 친구 또는 가족과 함께 스포츠 행사 참석하기

❷ 영화의 날을 정해 좋아하는 영화 두세 편 보기

❸ 좋아하는 맛집에서 호화로운 식사 즐기기

❹ 전신 마사지나 발 마사지 한 시간 받기

❺ 안 한 지 오래된 취미에 몇 시간 투자하기

❻ 경치 좋은 곳에 앉아 자신의 미래와 앞으로 다가올 모든 중요한 일에 대해 생각하기

❼ 집을 청소해줄 사람 고용하기

❽ 평소에 읽고 싶었던 책을 사서 읽기

❾ 스쿠버다이빙, 승마, 등산 등 평소에 하고 싶었던 것 해보기

⑩ 하루 휴가를 내고 장거리로 자전거 타기

이 목록은 그저 참고용이다. 당신에게 가장 알맞은 보상을 정하면 된다. 보상의 수준은 당신에게 달렸다. 비용이 전혀 들지 않는 무언가를 하면서 시간을 보낼 수도 있고, 오랫동안 위시리스트에 있던 것을 살 수도 있다. 중요한 것은 일하는 과정과 그 후에 받는 보상을 통해서 긍정적인 감정을 경험하는 것이다.

열심히 일해서 성공적으로 작업을 완료하거나 정해놓은 시간 동안 해야 할 일에 몰두한 다음 도파민 분비를 간절히 원할 때, 자신에게 보상하라. 어떤 것이든 기분이 좋아질 만한 것을 하라. 그러면 뇌가 당신이 다음 번 일을 시도하도록 동기를 부여한다. 당신이 보상받으면 "이게 더 있었으면 좋겠어. 그러려면 어떻게 해야 하지?" 하고 당신의 뇌에 신호가 간다.

POINT

━ 미루기 습관에 지지 않고 목표를 이루었다면 스스로에게 보상을 해줘라. 작은 성공이 중요하다. 매주 작은 성취를 달성하고, 그에 대해 보상하라.

커다란 이정표에 도달하는 날을 기다리다가는 중간에 포기하게 될 수 있다. 과정 중에 자신에게 보상하는 것도 보상까지의 거리를 단축하는 방법이다.

(13) 유혹 묶어두기:
마음의 저항을 끊어내는 법

"내일을 준비하는 가장 좋은 방법은 모든 지적 능력과 열
정을 오늘 해야 하는 일에 쏟아붓는 것이다. 그것만이 미
래를 준비할 수 있는 유일한 방법이다."

— 데일 카네기Dale Carnegie

지난 챕터에서 우리는 열심히 노력한 것에 보상
하는 방법에 관해 이야기했다. 그런데도 하기 싫을 때는 어떻
게 해야 할까? 당신도 나도 '지금은 하고 싶지 않은' 날이 많다
는 것을 알고 있다. 의지력이 약해지고 회피 시스템이 발동되
면, 내키지 않는 일을 아무리 억지로 하려고 해도 해내기가 정
말 어렵다. 이것은 당연하게도 미루는 습관을 강화하는 결과를
낳는다.

내가 정말로 하고 싶지 않은 일을 하는 행동을 강화하기 위해 지난 몇 년 동안 썼던 원칙이 있다. '프리맥(Premack)의 원리'라고 알려진 이것은, 미국의 심리학자 데이비드 프리맥이 꼬리감는원숭이를 연구하면서 정립한 이론에 바탕을 둔다. 프리맥의 원리에서는 당신이 원하는 어떤 행동을 하기 위해서는 그것보다는 덜 내키는 행동도 하게 될 것이라고 말한다. 예를 들어 차고를 청소하기 싫지만, 끝내고 나서 가장 좋아하는 음료수를 마실 수 있다면 청소를 할 것이다. 하고 싶은 행동을 통해서 하기 싫은 행동에 대해 보상하는 것이다. 이 원리에 따르면, 내키는 행동이 덜 내키는 행동을 강화한다.

부모와 교사들은 아이들의 행동을 끌어내기 위해 이 전략을 매일 쓴다. 하지만 어른들도 이렇게 할 필요가 있다! 당신이 업무 회피를 오래 해왔을수록, 특정한 행동 반응을 하도록 조건화되어 있다. 묵묵히 할 수 있는 에너지와 의욕이 있으면 행동을 취하기가 더 쉽다. 하루가 끝날 무렵인데 작성 중인 보고서를 완성해야 하는 상황이라면 스스로 동기를 부여하기가 어렵다. 아니면 당신이 일주일 내내 운동을 안 해서 몸은 체육관으로 당신을 데려가고 싶어 하지만, 마음은 그에 저항하며 차라리 영화를 보고 싶어 할 수도 있다.

유혹 묶어놓기

프리맥의 원리는 유혹 묶어놓기로 이어진다. 특정 행동에 당신이 저항하고 있을 때, 당신이 진정으로 원하는 활동을 할 수 있다는 약속을 통해 행동을 취하게 하는 것이다. 유혹 묶어놓기(펜실베이니아대학교 와튼스쿨의 조교수인 캐서린 밀크먼이 만들어낸 용어)는 두 가지 활동을 동시에 합쳐서 하는 것이다.

해야 하는데도 자꾸만 미루게 되는 일이 있다(빨래 개기). 또한, 시간을 아주 생산적으로 썼다고 하기는 어렵지만, 당신이 즐기는 일도 있다(당신이 좋아하는 『해리포터』 책을 오디오로 듣기). 유혹 묶어놓기에 대한 예를 네 가지 들어보겠다.

- 개를 산책시키거나 운동하는 동안에 좋아하는 오디오북 듣기
- 클라이언트와 업무적인 전화 통화를 하는 동안 공원 산책하기
- 온라인 강좌를 들으면서 메일함 정리하기
- 옷을 개거나 다림질하면서 넷플릭스 보기

이 접근 방식은 중요하지만 당장 결정적이지는 않은 일을 해야 할 필요성을 만들어준다. 유혹 묶어두기는 즉각적인 만족을 제거할 때 강력한 힘을 발휘한다. 이 전략은 먼저 해야 할

일을 하고 나면, 당신이 하고 싶어 하는 일을 할 수 있다는 생각에서 비롯된다. 이것은 미루는 습관을 끝내고, 의지력을 높이며, 어려운 일을 하는 것에 대한 저항을 깨고 좋은 습관을 형성하는 데 매우 효과적이다.

여기서 핵심적인 것은 유혹 묶어두기를 통해 재미있는 일을 하면서 단기적인 혜택과 즉각적인 만족을 누릴 수 있다는 점이다. 당신이 즐기는 일과, 해야 하는 걸 알지만 피하거나 미루곤 하는 일을 합침으로써, 단기적으로는 일을 미루지 않게 되고 장기적으로 좋은 습관을 쌓을 수 있다.

POINT

- 종이 한가운데에 위에서 아래로 선을 죽 긋는다. 왼쪽에는 해야 하지만 자꾸만 '나중에' 또는 '언젠가'라며 무시하는 활동이나 업무를 정리해본다. 여기에는 집안일(가사와 관련된 자질구레한 일), 직장 관련 업무(보고서), 하찮은 일(이메일) 또는 힘든 일(운동)이 포함될 수 있다.
- 오른쪽에는 당신이 좋아하며, 열심히 하는 그 어려운 일에서 살짝 빠져나왔다고 느끼게 하는 활동 목록을 적어라. 스타벅스에서 7달러짜리 프라푸치노 먹기, 넷플릭스나 스포츠 중계 보기, 오디오북이나 강의 듣기 또

는 골프 치기 같은 것이 있을 수 있다.

- 이제 양쪽을 모두 살펴보고 해야 하는 일과 하고 싶은 일을 묶어라. 이제 더 좋은 습관을 형성하고 목표를 달성하는 데 도움이 되는 활동 세트가 생겼다.

시각화 훈련으로
뇌를 속여라

"무언가에 실패하지 않고 사는 것은 불가능하다. 너무 조심스럽게 사는 바람에 제대로 살지 않는 게 아닌 한 말이다."
— JK 롤링 J. K. Rowling, 『해리포터』 시리즈에서

힘든 일을 미루는 습관은 환상에서 시작된다. 당신이 미루고 있는 바로 그 일이 나중에 어떻게든 될 것이라는 환상 말이다. 미루기로 하는 순간, 당신의 상상력은 미래로 가서 자기 자신을 미래에서 그 일을 완수할 행동대장으로 우상화한다. 그러나 우리가 이제껏 인생에서 배워왔듯이 이런 일은 거의 일어나지 않는다.

창조적 시각화의 기술

창조적 시각화는 명상의 일종이다. 이것은 당신의 삶에 긍정적인 변화를 일으키기 위해 정신적인 이미지와 확신에 찬 말을 사용하는 기술이다. 마치 지금 일하고 있는 것처럼 시각화하면, 진짜로 내가 그 행동을 하고 있다고 믿도록 마음을 속일 수도 있다.

삭티 거웨인은 자신의 획기적인 저서 『간절히 그렇다고 생각하면 반드시 그렇게 된다』에서 다음과 같이 말한다. "우리는 언제나 그것이 무엇이든 우리가 가장 많이 생각하는 것, 가장 강하게 믿는 것, 가장 깊이 바라는 것, 가장 생생하게 상상하는 것을 우리 삶으로 끌어들인다." 올림픽 출전을 위해 훈련하는 선수들은 경기장 안에 있든 바깥에 있든 늘 경기를 준비한다. 엘렌 로긴과 리사 쿠엥의 연구에 따르면 운동선수의 성공에는 신체 훈련뿐 아니라 시각화 형태의 정신 훈련도 영향을 미친다.

자신의 성공을 시각화하는 데 전념하는 운동선수는 먼저 마음속으로 성공을 만들어낼 것이다. 운동선수는 마치 관중의 관점에서 훈련이 진행되는 것을 보듯이 시각적 이미지를 통해 마음속에서 훈련을 리허설해본다. 세계적인 선수들은 이러한 시각적 이미지를 구현함으로써 꿈을 이루며, 실제로 신체 역량을 향상시키기도 한다.

『성공의 원리』의 저자인 잭 캔필드는 다음과 같이 말했다. "많은 성취를 이룬 사람들은 이 연습을 통해서 초능력처럼 보이는 것을 얻었다. 이 연습은 한 번에 하나의 목표나 과제를 성취함으로써 그들이 꿈꾸는 삶을 창조할 수 있도록 도와주었다. 엘리트 선수들, 세계적인 부호들이 이 방법을 쓴다. 모든 분야에서 최고의 성과를 이룬 사람들도 그렇게 한다. 그 힘을 시각화라고 한다."

시각화는 내가 인생의 모든 힘든 일을 이겨내는 데 사용했던 실천 방법이다. 나는 실제로 어떤 일을 하는 과정과 단계를 시각화하기 전까지는 거의 모든 것에 저항한다. 시각화를 하면 나의 잠재의식이 행동 마비 상태에서 행동을 적극적으로 하는 상태로 바뀐다. 결단력 있게 일하는 나 자신을 볼 수 있다.

시각화를 하면, 과정 중에 발생할 수 있었던 오류를 미리 제거할 수 있다. 이것은 당신이 미처 생각하지 못했던 것일 수 있다. 생각은 강력하다. 시각적인 리허설을 통해서 특정 상황에 자신을 놓아두면 일을 시작하기 전에 프로세스를 구축할 수 있다. 내면의 미루는 습관을 깨는 데 시각화는 두려움을 없애는 주된 무기가 된다. 결과적으로 당신의 저항은 산산조각이 나고, 당신은 절망이 아닌 희망을 느끼기 시작할 것이다. 먼저 상상한 다음, 실행하라. 정신적 리허설은 당신을 성공의 자리로 데려다 놓는다.

> 당신의 두뇌는 당신의 상상 속에서 일어나는 일과
> 실제로 행하는 물리적 행위 사이의
> 차이를 인식하지 못한다.

시각화는 잠재의식의 창조성을 활성화하여, 해결책을 내는 데 더 노력하도록 동기를 부여한다. 시각화를 사용하면 새로운 수준의 동기부여를 경험하고, 보통 때라면 피했을 법한 힘든 일을 하는 자신을 발견할 수 있게 될 것이다.

POINT

- 해야 하는 힘든 일 목록 중에서 까다로운 일 하나를 선택한다.
- 이 연습을 위해 15분을 차단한다. 타이머를 써도 좋다.
- 편안한 상태에서 힘든 일을 하기 위한 첫 번째 단계를 상상하라. 예를

들어, 세차를 해야 한다고 해보자. 당신은 몇 달 동안 세차를 하지 않았고 볼 때마다 죄책감을 느낀다. 가장 먼저 해야 할 일은 무엇인가?

- 첫 번째 단계를 연습한다. 뭐든지 시작이 관건이다. 첫 번째 블록을 놓는 것이 가장 어렵다. 아무것도 된 게 없는 이유는 우리가 실제로 시작을 하지 않기 때문이다. 우리가 해야 할 첫 번째 단계를 시각화해본다.

- 아직 하지 않고 있었던 어떤 일을 하는 자신을 마치 영화를 보듯이 머릿속으로 그려라. 이렇게 하면 뇌는 그 일과 연결이 된다.

- 시각화를 마쳤다면, 그것을 바로 실행하라!

15

'데드라인'이 없으면
영원히 미루게 된다

"그저 바쁘기보다는 생산적으로 변화하도록 집중하라."

— **팀 페리스**Tim Ferriss

      달력은 단지 날짜를 확인하거나 치과 예약일을 적어놓기 위해 존재하는 것이 아니다. 힘든 일을 마무리하려면, 명확한 강경책을 설정해놓아야 한다. 사실 나는 완료되는 날을 '데드라인'이라고 부르는 것을 좋아하지 않는다. 왠지 으스스하기 때문이다. 어떻게 부르든, 오늘 또는 이번 주에 해야 하는 힘든 일은 달력에 적혀 있어야 한다. 이것은 목표를 다섯 번 적는 일 외에 추가적으로 적어야 한다. 나는 먼저 다섯 번을 적은 다음, 바로 완료 날짜를 지정해 달력에 표시한다.

      일을 미루는 여러 가지 이유 중 하나는 그 일에 기한이 없기 때문이다. 뉴욕타임스 베스트셀러인 『드림 빅』의 저자 밥 고프는 "행복을 위한 투쟁은 달력 몇 장에서 시작된다."라고 말한 바 있다. 달력은 중요한 역할을 한다. 우선순위에 있는 일들을 달력에 적어놓는 행위는 일종의 리추얼(의식)이다. 힘든 일의 시작을 알리는 것이다.

나는 목록 만들기를 좋아하지만, 목록만 있어서는 안 된다. 반드시 성공하려면 여러 단계를 밟아야만 하는데, 자신과의 약속에 관한 한 달력은 가장 좋은 친구다. 일일 플래너를 써도 좋고, 벽에 달력을 걸어놓고 써도 좋다. 나는 둘 다 한다. 스마트폰과 컴퓨터에 알람 설정도 추가로 해놓는다. 달력에 작업을 표시한다는 것은 오늘 작업한 일을 어떤 날짜까지 완료하겠다는 의미다.

코미디언 제리 사인필드는 자신의 글을 추적하는 시스템을 만들었다. 그는 매일 농담과 코미디를 쓰는 데 몰두했고, 무언가를 쓴 날에는 달력에 X로 표시했다. 그게 다다. 그는 달력에다가 계속해서 표시했고 주말이나 월말이 되면 그 습관을 유지함으로써 상황이 얼마나 진전되었는지 확인할 수 있었다. 달력에 스케줄을 넣어두었는데도 여전히 완료되지 않는다면 그 이유를 살펴보라. 자신에게 완전히 정직하라. 의도적으로 그 일을 피했는가, 아니면 그 일을 하지 못하도록 뭔가가 방해했는가? 이 개인적인 책임은 그 일을 해야 한다는 압력을 주기 때문에 효과적이다.

POINT

- 벽걸이 달력을 구하라. 클수록 좋다. 그런 다음 해당 요일 또는 그 주의 우선순위 업무가 뭔지 정하라. 업무를 수행하면 해당 날짜에 X 표시를 한다. 목표는 표시가 끊기지 않도록 하는 것이다. 오늘 미루지 않았다면, 다음 날도 단호하게 밀어붙인다. 앞으로 나아가고 있는지 아닌지 보이는 상황에서는 미루기가 싫어진다.
- 업무를 완료하는 데 충분한 시간을 들여라. 예를 들어, 나는 몇 년 동안 정리하지 않았던 옷장을 비울 참이었다. 이것은 내가 하기 어려워하는 (우선순위는 아니지만 목록에 있었던) 일 중 하나였기 때문에 세 시간을 할애했다. 하루에 30분씩(내가 한 번에 정리할 수 있는 한계치) 그 일을 했고, 목표 날짜보다 하루 앞당겨 그 일을 끝냈다.

반복성 업무와 일회성 업무를 구분하라

16

"가끔은 그냥 행동을 취하기만 해도, 어떤 상황에 대해 뭔가를 한다는 것만으로도 스트레스를 줄이거나 상황을 바로잡는 데 도움이 될 수 있다."

— **캐서린 펄시퍼**Catherine Pulsifer

돈을 절약하지 못하는 사람이 많다. 수년 동안 나에게도 절약은 언젠가 해야 할 어려운 일 중 하나였다. 목록에 '언젠가 할 일' 항목이 있다면 언제 완료될지 알 수 있을까? 절대 알 수 없다. 혹은 당신이 하게 되더라도 그때는 당신이 생각했던 것보다 훨씬 늦다. 대학 시절, 데이비드 칠턴의 『부유한 이발사』라는 책을 읽은 적이 있다. 이 책에 나온 부유한 이발사의 전략 중 하나는 저축액의 약 10퍼센트를 먼저 자신에게 지불하는 것이었다. 자신에게 먼저 지불한다는 것이 새로운 개념도 아니고, 이에 대해 들어본 사람도 많을 것이다. 하지만 실제로 그렇게 하는 사람이 얼마나 될까? 나는 처음으로 월급의 10퍼센트를 저축하기 시작했을 때, 직접 계좌 이체를 했다. 손이 가는 일이었고, 잊어버리거나 그 돈으로 할 수 있는 더 나은 일을 찾으면 이체하지 않고 그냥 넘어갔다. 그러고 나면 다음 달에는 이를 건너뛰기가 더욱 쉬웠다. 그래서 은행에 가서 예금 계좌로 자동이체가 되도록 시스템을 만들었다.

이를 다른 모든 것에 적용하자. 자동화 원칙을 사용해서 미루고 있는 모든 항목의 목록을 만들어보면 많은 항목이 일회성 작업에 불과할 수 있다. 당신 목록에서 매월 자동화할 수 있는 것은 무엇인가? 자동화 대신 프로세스가 필요한 것은 무엇인가?

자동화와 프로세스의 차이에 관해 이야기해보자. 업무를 자동화한다는 것은 다른 사람에게 위임하거나, 아니면 그것에 대해 생각할 필요가 없도록 소프트웨어나 기술에 의존해 자동화하는 것이다. 반면 프로세스란 가능한 한 원활하게 진행하기 위해 단계별로 밟아야 하는 행동이다.

다음은 프로세스의 한 예다. 과세연도 말에 세금 환급을 위해 영수증을 정리해놓는 것이다. 세금 신고 기간인데 영수증

정리를 거의 해놓지 못했던 적이 있는가? 온라인으로 소비를 했다면 온라인에서 영수증을 찾아 맞추는 데 시간을 써야 할 것이다. 나는 사업상 대부분 온라인 구매를 하므로 영수증은 페이팔이나 회사 서버에 저장된다. 하지만 그것을 청구서와 맞춰놓지 않으면 없어지거나, 그냥 잊어버리게 된다. 이를 자동화하거나 덜 부담스럽게 하는 프로세스를 구축하려면 어떻게 해야 할까?

여기서부터 나는 결정을 내린다. 이 업무를 해줄 사람을 고용한다. 또는 내가 이것을 할 수 있도록 일정에 넣는다. 내 프로세스는 근무 시간이 끝날 때 15분 동안 모든 구매 및 판매 내역을 검토하는 일정을 넣어놓는 것이다. 그러면 영수증을 지정된 폴더로 옮겨놓을 수 있다. 그걸로 끝이다. 이 프로세스는 연말에 걱정할 필요가 없다는 것을 의미한다. 지출 내용을 확인하는 시스템이 없다면, 세금 환급을 받아야 할 때 시간이 없어 허둥지둥하게 될 것이다.

반복적으로 하는 업무는 프로세스를 구축함으로써 원활하게 수행할 수 있다. 이메일, 재정 상황, 당신이 수행 중인 프로젝트 현황도 이런 식으로 관리할 수 있다. 프로세스를 자동화하기가 어려워서 자체적으로 굴러가게 할 수 없다면, 프로세스를 당신의 고유한 시스템으로 만듦으로써 자동화하는 방법을 쓸 수 있다.

나는 우리가 힘든 일을 미루는 핵심적인 이유가 자동화를 하거나 프로세스를 구축하는 것이 얼마나 쉬운 일인지 명확하게 알지 못하기 때문이라고 생각한다. 자동화할 수 있는 것이 무엇인지 알아차리고 설정한다면, 그 일을 당신의 체계에 맞출 때 받을 스트레스와 압도감을 줄일 수 있다.

POINT

- 반복되는 작업의 목록을 만들라. 그중에 자동화할 수 있는 것이 있는가? 그렇다면 그에 대해 매주 당신의 소중한 시간을 절약할 수 있는 기술이 있는가? 요즘은 활용할 수 있는 앱과 소프트웨어가 무궁무진하다.
- 일회성 업무여서 몇 시간만 할애하면 끝낼 수 있는 일이라면 자동화 목록에서 제외한다. 예를 들어 여권 신청서를 작성하는 일은 처음에 가장 큰 노력이 든다. 하지만 그 이후에는 5~10년 후에 갱신하면 된다.

(17) 제발 혼자
끙끙대지 마라

"당신의 삶은 바로 지금 일어나고 있다. 미루는 습관이 당신의 삶을 지배하게 하지 마라. 용감하게 위험을 감수하라.
— **로이 베넷**Roy T. Bennett

당신이 바로 행동에 돌입하지 않고 꾸물거리는 데는 두 가지 기본적인 이유가 있다.

첫째, 그것을 하고 싶지 않다.
둘째, 할 수 없는 일이다.

당신이 무언가를 하지 않는 이유 중 하나는 그것을 하는 방법을 모르기 때문이다. 부끄러워할 필요는 없다. 누구도 모든 것을 할 수는 없으므로, 우리에게는 도움이 필요하다. 작성한 목록을 보고 자신에게 물어보라. 이 목록에서 도움이 필요한 것은 무엇인가?

힘든 일 목록을 만들 때 내가 가장 먼저 하는 일 중 하나는 자신에게 다음과 같이 물어보는 것이다. "어떤 일에 도움이 필요한가?" 도움이 필요한 업무를 빨간색으로 표시하거나 동그라미를 치거나, 옆에 기호로 표시한다. 그런 다음 이렇게 묻는다. "이 업무에 도움이 필요한 이유는 무엇인가? 이 업무에서 특별히 어떤 부분에 도움이 필요한가?"

목록을 살펴보면 스스로는 하기 힘들고 도움이 필요해서 의도적으로 행동을 미루고 있는 일이 있을 것이다. 알다시피 누군가에게 도움을 요청하는 것은 쉬운 일이 아니다. 이는 우리가 일을 무한정 미루게 되는 요인이 된다. 이런 식으로는 결코 뭔가를 얻을 수가 없다. 몇 달 또는 몇 년이 걸릴 수 있는 기술을 배울 시간이 없기 때문이다. 당신은 이렇게 작업 목록에 남아 있는 힘든 일에 꼼짝없이 머물러 있게 된다. 결국은 목록에서 빠지게 되겠지만 장기적으로 보면 비용을 많이 썼거나, 에너지가 고갈되었거나, 숨겨진 스트레스와 불안이 생겨나 있을 가능성이 크다.

적합한 사람을 알아보고 도움을 요청하는 데 사용할 수 있는 프로세스를 알려주겠다. 나는 수년 동안 이러한 단계적 시스템을 사용했으며 효과를 보았다. 항상 긍정적인 답변을 받을 수는 없겠지만 도움을 요청하는 것이 혼자 앉아서 해결하려고 노력하는 일보다는 낫다.

당신의 일상에서 접근하기가 꺼려지는 영역을 살펴보라. 인간관계에 관한 것일 수도 있고, 직장 내의 상황과 관련된 것일 수도 있다. 절대로 사람들에게 도움을 요청하고 싶지 않은 것이 있을 수도 있다. 남에게 바보 같아 보일까 봐 겁이 나는 것일 수도 있다. 당신이 어떤 것으로부터 도피하고 싶어 하는지를 잘 살펴보라.

그런 다음…… 당신이 두려워하는 것 중 하나를 선택하고 집중하라. 이에 대해서 어떻게 도움을 요청할지 생각해보라. 두려움이 당신을 흔들어놓을 때, 그 두려움을 오롯이 느껴보라. 어떻게 요청할 것인가? 누구에게 요청할 것인가? 언제 요청할 것인가? 적당한 때에 적당한 사람에게 적당한 것을 요청한다면 삶에 큰 변화가 생길 것이다. 매일 당신에게 필요한 것을 최소한 한 가지씩 요청하겠다고 다짐하라. 당신 자신에게도 좋겠지만, 다른 사람이 원하는 것을 얻도록 당신이 도울 수 있게 된다면 더 좋을 것이다. 당신이 정말로 원하지 않는다면 인생에는 아무 일도 일어나지 않는다. 원하는 것이 있다면 그것을 요청하라.

POINT

- 힘든 일 목록을 다시 살펴보라. 각 항목 옆에 그것이 자동화 항목인지, 프로세스 항목인지, 일회성 항목인지 표시하라. 각 항목에 대해 실행해야 하는 것이 무엇인지 정하라.
- 무언가를 자동화하는 경우, 이를 설정하기 위해 어떤 단계가 필요할까? 프로세스라면 어떤 단계가 필요할까? 일회성이라면 언제 할 것이고 얼마큼의 타임 블록을 설정할 것인가?
- 어떤 일을 넘길 수 있는가? 이 작업을 신속하게 수행할 수 있는 기술을 가진 사람은 누구인가? 내가 원하는 것을 요청할 때 쓰는 6단계 프로세스는 다음과 같다.

  1. 정말로 원하는 한 가지를 적어보라.
  2. 이 일을 수행할 수 있는 세 사람의 후보 목록을 만들어라.
  3. 필요한 것을 요청했을 때 당신이 그들에게 얼마나 지급할 수 있는지 적어보라.

4. 우물쭈물거리지 말고 자신 있게 요청하라.

5. 생각했던 대로 되지 않았더라도 그들의 결정을 존중하라.

6. 마지막으로, 기대를 버려라.

18 막힌 지점을 찾아
해결하라

"가끔은 해야 할 일이 너무 많은 나머지, 미루는 것이 유일
하게 현명한 선택인 것처럼 보일 때가 있다."
— **피터 맥과이어**Peter McGuire

모든 여정에는 장애물이 있다. 이것이 당신의 다
짐에 도전하는 방해물이 된다. 당신이 가는 길에는 두 가지 종
류의 제약이 있을 것이다. 하나는 외부적 제약이다. 제어할 수
없지만 대응해야만 하는 외부적 사건이다. 다른 하나는 내부적
제약이다. 내부적 제약은 제어할 수 있지만 극복하기는 가장
어렵다.

장애물과 관련된 질문을 자신에게 던지는 것으로부터 시작
하라. 극복해야 할 과제는 항상 있을 것이다. 당신이 제한된 상

태에 머무르는 것은 제약 때문이 아니라 당신을 제한하는 요인을 분간하지 못해서다. 자신을 발견하고, 앞으로 가게 될 길에 있는 핵심적인 사안에 대해 생각해볼 수 있는 중요한 질문을 하겠다.

❶ 이 장애물에 대해 알게 된 것은 무엇인가?

❷ 기술과 관련된 문제인가? 만일 그렇다면 당신은 기술에 대해 어떤 두려움을 가지고 있는가? 동영상 촬영하기? 촬영 세팅하기? 카메라에 바보처럼 나오는 것? (참고로, 모든 사람이 이렇게 느낀다. 다른 사람들은 쉽게 하는 것처럼 보이는 이유는 그들이 연습을 많이 했기 때문이다. 2~5분 동안 카메라로 자기 모습을 촬영하는 것부터 시작해보라.)

❸ 만일 의도적인 행동을 지금 한다면 어떤 일이 일어날까? (힌트: 행동을 취하지 않으면 아무 일도 일어나지 않고, 당신은 지금 모습 그대로일 것이다. 그러면 일어날 수 있는 최악의 일이란 어떤 것일까?)

❹ 누군가에게 도움을 요청해야만 하는 상황인데도 그 사람에게 다가가는 것을 회피하고 있는가? 만일 그렇다면 거절이 두려워서인가? 도움을 요청하기가 부끄러워서인가? (다시 말하지만, 모든 사람에겐 도움이 필요하다. 도움을 청하라. 그러면 결국 당신을 도와주는 사람을 찾을 수 있을 것이다.)

❺ 제약을 파악한 후 자신에게 물어보라. "이 일을 내가 하는 게 좋

을까, 아니면 누군가를 고용하는 게 좋을까? 내가 누군가에게 도움을 요청할 수 있을까?"

당신의 성공 속도는 막혀 있는 지점이 어디인지 파악하고 해결하는 것에 달려 있다. 예외는 없다. 제약은 모든 조직에 존재하며 우리 모두에게 영향을 미친다. 내가 회사에서 일할 때, 매출이 60퍼센트 감소했는데 시장 상황은 양호했다. 회사는 문제의 원인으로 외부적인 제약 조건을 찾는 데 집중하고 있었다. 그러나 내부적인 제약 조건에서 근본적인 원인을 파악하는 것으로 초점을 전환하자, 몇 가지 결정적인 요인을 발견할 수 있었다. 회사 경영진은 영업과 마케팅에 관련된 제약 조건들을 제거하기 시작했고, 3개월 만에 매출이 130퍼센트 증가했다.

제약을 파악한다면 문제가 되는 부분을 없앨 수 있다. 당신을 방해하는 것은 언제나 있겠지만, 당신이 더 빨리 움직여서 그것을 쳐내야 한다. 당신이 하는 일 중 하나가 병목현상에 빠져 있는데 그것을 미루고 있다면, 막혀 있는 부분을 뚫어주는 게 우선이다.

— 가장 걸림돌이 되는 제약이 무엇인지 파악한다. 가질 만한 가치가 있는 건 쉽게 얻어지지 않는다. 그리고 원하면 원할수록 그것을 얻는 일은 어려워진다. 꿈을 이루는 데 방해가 되는 장애물이 무엇인가? 시간 부족인가, 부주의한 집중력인가, 무질서한 업무 구조인가?

— 제약을 무시하고 그냥 한다. 이것은 명백히 최선의 행동 방침이다. 그러나 얼마간의 시간이 지난 다음에도 여전히 병목현상에 빠져 있다면, 다른 접근 방식을 사용하는 것이 좋다.

— 업무를 위임하라. 어렵거나 시간이 오래 걸리는 일을 대신 처리할 수 있는 사람에게 위임할 수도 있다. 업무를 처리하는 과정에서 다른 사람이 당신보다 더 나은 기술을 갖췄을 수 있다. 나는 내 일의 60퍼센트를 위임하는데, 내가 모든 걸 다 할 수는 없기 때문이다.

— 그 일을 없앤다. 특정 업무가 그다지 중요하지 않다는 판단이 들면 할 일 목록에서 완전히 삭제할 수도 있다.

(19) 시간이 부족한 게 아니라 방향성이 부족한 것이다

"시간 부족이 아니라 방향성 부족이 문제다. 우리 모두에게는 하루 24시간이 주어진다."

— **지그 지글러**Zig Ziglar

계획이 부실하면 언제나 노력한 것에 비해 빈약한 결과를 얻는다. 계획을 세우는 데 실패하면, 당신은 실패할 계획을 세우게 된다. 우리가 마음껏 활용할 수 있는 모든 기술, 앱, 일일 플래너는 한 주를 미리 계획하지 않으면 아무 의미가 없다. 계획을 도와주는 시스템으로 만들어놓고 습관으로 들여야 한다. 나는 여러 번의 시행착오를 거쳐서 일요일 오후나 금요일 저녁이 계획 세우기에 가장 좋다는 것을 알게 되었다.

월요일부터 금요일까지 일한다면, 금요일 업무를 마칠 무렵이나 일을 다시 시작하기 직전인 일요일에 한 주의 업무를 계획하는 시간을 가져라. 금요일에는 지난 일주일간의 업무에 대해 리뷰하고, 일요일에는 그다음 주 계획을 세우는 것도 한 방법이다. 계획이 중요한 이유는 첫째, 자신이 어디에 주의를 빼앗기는지 인지할 수 있다. 무엇을 해야 하는지 알고 있다면, 방해 요소가 중간에 들어오더라도 이것이 시간 도둑이라는 점을 빠르게 눈치채고 우선순위 작업으로 되돌아갈 수 있다. 둘째, 압박감을 없앨 수 있다. 이 상태는 너무 일이 많은 나머지 멀티태스킹을 하면서 시간을 허비하고, 우선순위가 낮은 업무에 집중하는 바람에 계획이 틀어질 때 발생한다. 미리 계획하면 압박감이 훨씬 덜 든다. 갑자기 압박감과 동시에 불안감이 스멀스멀 느껴진다면, 보통 그것은 당신이 주의를 기울일 필요가 별로 없는 일을 하고 있기 때문이다.

주간 일정에서 방해 요소를 골라내야 할 때 다음의 질문 목록을 생각해보라.

❶ 무엇이 내 집중력을 흩뜨려 하고 있던 일에서 멀어지게 하는가?

❷ 내가 내는 결과의 80퍼센트를 이루는 최고의 습관은 무엇인가?

❸ 내 효율성의 80퍼센트를 구성하는 습관은 무엇인가?

❹ 어떤 습관이 내 에너지를 소모하는가?

❺ 완전히 시간 낭비인 일은 무엇인가?

❻ 누구에게 도움을 요청하거나 업무를 위임할 수 있는가?

어떤 방해 요소인지 파악하고 제거하기 위해 노력하면 성과가 나타난다. 오래된 습관이 다시 슬금슬금 나오지 않는 한, 매주 같은 질문을 자신에게 할 필요도 없다. 그런 일이 생길 때는 그 습관을 적고, 습관에 빠지게 만드는 원인을 파악하고, 이를 일정에서 제거하기 위한 전략 한 가지를 추가하라.

예를 들어, 나는 늦은 밤 잠자리에 들기 전에 당분이 높은 과자로 배를 채우는 습관이 있었다. 건강 전문가가 아니더라도 이것이 나쁜 습관이라는 것을 알 것이다. 이 버릇 때문에 수면의 질이 나빠졌고, 아침에 일어날 때도 기분이 좋지 않았다. 그런데 알고 보니 잠자리에 들기 전에 긴장을 풀기 위해 TV를 보다가 생긴 습관이었다. 그래서 나는 TV를 없애버렸다. 여전히 초콜릿과 아이스크림이 먹고 싶었지만, TV가 시야에서 사라지자 그 갈망이 줄었다. 부정적인 습관을 유발하는 트리거가 있다면, 그것을 불러오는 원인을 차단하라. 내 경우, 그것은 TV였다. 어떤 사람들에게는 소셜 미디어 서핑이 트리거다. 그것이 당신의 삶에 부정적인 영향을 미친다면, 없애라. 그러지 않으면 일이 제대로 굴러가지 않을 것이다. 이리저리 끌려다니면서 모든 것의 균형을 잡으려고 안간힘을 써야 할 것이다.

계획을 세울 때 필요한 것

한 주를 계획할 때 삶의 질을 높여줄 수 있는 세 가지를 빼먹지 마라. 이것들은 선택의 여지없이 꼭 해야 하는 것이다.

가족과의 시간 | 관계는 무엇보다 중요하다. 모두가 일정을 맞추기는 어렵기 때문에 계획이 쉽지 않을 수 있다. 그래서 나는 일하지 않을 때면 가능한 한 가족 및 친구들과 시간을 보내려고 한다.

운동과 건강 | 주간 일정에 운동 루틴을 넣어라. 일만 하고 운동은 하지 않는 것은 여러 가지 이유로 건강에 해롭다. 운동은 우리를 행복하게 하는 호르몬을 방출하며, 뇌 기능을 자극한다. 명상도 이와 마찬가지로 효과적이다. 최소 30분의 운동과 15~30분의 명상을 권장한다.

수면 | 아마존의 창업자 제프 베조스는 하루에 여덟 시간을 잔다고 한다. 일론 머스크는 일곱 시간을 자는 아침형 인간이다.

연구 결과에 따르면 여섯 시간 미만으로 잠을 자면 수명이 20년 단축될 수 있다. 집중력이 떨어질 뿐만 아니라 브레인 포그(수면 부족의 부작용)가 생길 가능성이 커진다. 잠자리에 들기 적어도 한 시간 전에 긴장을 풀기 시작하라. 전자 기기와 TV를 꺼라. 잠자리에 들기 직전까지 TV를 보는 것은 나쁜 습관이다. 잠자리에 들었을 때의 마음가짐이 곧 깨어날 때의 마음가짐이다. 건강한 수면 습관을 들이면 집중력이 더 높아져서 덜 미루게 될 것이다. 나는 잠들기 전 30분 동안 조용히 성찰하는 시간을 갖고, 책을 읽고, 다음 날 계획을 검토한다. 이 모든 것은 궁극적으로 에너지를 생성하는 일이다. 당신의 두뇌와 몸은 에너지를 재충전하기 위해 긴장을 풀고 휴식을 취할 필요가 있다.

> 에너지를 좀먹는 나쁜 습관에 빠져 있다면
> 힘든 일을 시작하지도 끝내지도 못할 것이며
> 금세 진이 빠지고 무기력해진다.

이 단계에서 의지력을 잃으면 쉽고 우선순위가 낮은 작업을 하게 된다. 이렇게 미루기의 악순환이 시작된다. 수면과 운동에 신경을 쓰고, 친구 및 가족과 함께하는 시간을 늘리고, 건강한 식습관과 명상을 통해 에너지를 회복하라. 지름길이란 없다. 오늘 하루 또다시 나쁜 습관에 굴복했다면, 죄책감을 느끼며 전

부 포기해버리지 말고, 다음 날의 일정을 어떻게 수정할지 검
토하라.

POINT

- 10분간의 시간을 차단해서 주간 리뷰를 하라. 효과가 있었던 것, 달성한
  것, 달성하지 못한 것을 매주 검토하라. 우선순위의 업무를 달성하지 못
  한 이유는 무엇인가?
- 일주일을 시작할 때 주간 계획을 세우는 데 30~60분의 시간을 사용하
  라. 우선순위가 높은 일 세 개를 선정해보고 방해 요소가 될 만한 것들을
  미리 파악하라.

⑳ 스스로를 구속하는
장치 만들기

"한계는 항상 있고, 기회도 항상 있다. 그중에서 어떤 것에
집중하느냐는 우리가 정하는 것이다."

— 세스 고딘Seth Godin

　심리학자들은 미래에 결과를 달성하기 위해 현
재 하는 행동이나 선택을 설명하기 위해 '구속 장치(Commitment
device)'라는 용어를 만들었다.

　미루기는 모호하고 교묘한 마음의 행동이어서
　우리가 행동을 완전히 바꿔놓기 위해서는
　각오를 해야 한다.

　앞에서 미래의 자신과 현재의 자신에 대해 논의했던 것을

기억해보라. 미래의 자신은 장기적인 계획을 선호하지만, 현재의 자신은 즉각적인 만족을 원한다. 성공하려면 중요한 습관을 중심으로 요새를 구축하고, 어떤 대가를 치르더라도 자신의 행동을 보호해야 한다.

장기적인 미래 목표를 달성하고 미루는 습관을 끝내는 데 구속 장치가 어떻게 도움을 줄 수 있을까? 바로 저항이 낮은 길을 제거하는 것이다. 미루는 습관은 선택해야 할 상황이 생겼을 때면 언제나 나타날 위험이 있다. 의사결정의 필요성을 없애고 미리 습관을 자동화하면 장기적으로 긍정적인 결과를 기대할 수 있다.

제임스 클리어가 『아주 작은 습관의 힘』에서 언급했듯이, 목표는 내 행동을 미리 막아놓음으로써 미루는 습관을 줄이는 것이다. 예를 들어, 나는 스마트폰을 켜고 페이스북 확인하는 것을 그만해야 했다. 내 해결책은 앱을 삭제하는 것이었다. 돈을 모으고 싶었을 때는 매달 월급에서 자동으로 15퍼센트가 빠져나가도록 만들었다. 더 많은 글을 쓰고 집중력을 유지하기 위해서 게임을 그만둬야 했을 때, 나는 플레이스테이션을 팔았다. 힘들었지만 효과가 있었다. 그러지 않았더라면 〈콜 오브 듀티〉에서 활약할 수는 있었겠지만, 여전히 내 일을 제대로 해내지 못하고 책을 쓰고 싶다는 꿈만 꾸고 있었을 것이다.

역사적으로 유명한 중국의 장군 한신은 많은 전투에서 군대를 승리로 이끈 전쟁 전술로 잘 알려져 있다. 그는 병사들을 강을 등진 채로 배치해서, 적군을 정면으로 공격할 수밖에 없게 만들었다. 에르난 코르테스는 신세계에 도착했을 때, 항구에서 배를 태워버렸다. 그의 부하들이 섬을 침략하지 않으면 죽을 수밖에 없도록 몰아붙인 것이다. 이것이 바로 구속 장치다.

물론 당신이 군부대를 책임질 필요는 없다. 그러나 자신의 삶을 책임져야 한다. 당신은 얼마나 간절히 변화를 원하는가, 내일의 결정 피로와 미루기를 줄이기 위해 오늘 무엇을 할 수 있는가? 은퇴에 대비해 돈을 모아놓기보다는 차라리 휴가를 떠나고 싶어지는 날이 올 것이다. 아니면 소파에 앉아 TV를 보는 것이 나가서 조깅하는 것보다 훨씬 달콤할 것이다. 당장의 달콤한 기쁨보다 미래의 확실한 성취감을 선택하려면 어떻게 해야 할까.

시작의 기술

도전은 습관을 시작하는 데서 온다. 우리는 항상 시작 단계에서 가장 큰 저항을 만난다. 그 저항과 힘겨루기를 하다가 결국 '언젠가' 시작하겠다는 다짐을 한다. 하지만 뭔가를 성취하기 위해 전념하기 전까지는, 하루하루가 절대로 일어나지 않을 그 언젠가일 뿐이다.

나는 일하는 그 자체가 아니라, 시작하는 것을 버거워했다. 미루고 꾸물거리던 나의 모든 지난날을 거슬러 올라가면, 틀림없이 하나의 시작점이 있었다. 그 시작점에서 다시 첫걸음을 내디디며 습관을 시작해보자.

실제로 일을 하는 것보다 미루는 데 더 많은 시간과 에너지를 낭비했다. 내가 몇 년 동안 미루면서 죄책감을 품고 있던 일들이 있다. 그 일을 마치기 위해 자리에 앉자, 며칠 혹은 몇 시간 안에 그것을 완료할 수 있었다.

얼마나 많은 일을 하느냐가 중요한 것이 아니라 실제로 그 일을 하는지가 중요하다.

한 달에 한 번 30분씩 스트레칭하는 것보다는, 30일 동안 하루에 5분씩 스트레칭하는 것이 낫다. 첫 책을 쓰는 작가들이 쓰는 과정에 어려움을 겪을 때면 나는 늘 같은 조언을 한다. 첫 주 동안 하루에 100단어를 써라. 그다음 주에 최대 200단어를 써라. 할 수 있다면 하루에 최대 1,000단어를 써라.

배를 태운다는 것은 멋진 이야기지만, 특정 행동을 적극적으로 멈추고 싶다면 당신 주위에서 충동적인 트리거만 제거하면 된다. '언젠가' 하겠다는 말은 그만하라. 오늘 하되, 아주 쉽게 만들어서 즉시 성취할 수 있도록 하라. 작지만 의도적인 약속을 지금 하면, 그것이 미래의 큰 성공으로 이어질 것이다. 해야 할 일과 시간을 기록한 다음, 그것을 따라서 해내면 된다. 이 전략은 시간이 지날수록 나에게 큰 성취를 가져다주었지만, 몇 년간 나는 그것에 전념하지는 못했기에 어려움을 겪었다. 나에게는 성장하고 성공하고 싶은 욕망이 있었지만, 힘든 일에 전념해서 진짜 실행을 하기 전까지는 별다른 일이 일어나지 않았다. 추진력이 생길 수 있게 해야 한다. 언덕 위에서는 비록 작은 눈덩이였지만, 언덕 아래로 굴려 내려오면 눈덩이는 점점 커진다.

이제, 공이 굴러가도록 해보자.

- 자신을 강제할 수 있는 구속 장치를 만들라.

- 필요하다면 TV를 없애고 앱을 삭제하라.

- 의사결정의 필요성을 줄이고, 습관을 자동화하라.

(21) 주변을 긍정적 신호로 채워라

"적당한 때가 올 때까지, 아니면 어떻게 해야 할지 알게 될 때까지 일을 미루는 버릇은 당신의 기쁨을 상당 부분 빼앗아 가는 도둑이다. 신중하게 생각하되, 일단 마음을 정했다면 뛰어들어야 한다."

— **찰스 스윈돌**Charles R. Swindoll

주위에 긍정적인 시각적 신호를 심어놓으면, 미루는 습관이 힘을 잃을 수 있다. 많은 습관은 우리가 보고 듣고 만지면서 얻게 되는 자극으로 인해서 유발된다. 이것은 당신의 환경적 트리거이며, 당신의 성장과 발전에 도움을 줄 수도 있고(긍정적인 트리거), 방해가 될 수도 있다(부정적인 트리거).

정크 푸드 대신 채소와 과일로 냉장고를 채워둔다면 배가 고

파 냉장고를 열었을 때, 초콜릿 케이크 대신 바나나를 집게 될 것이다. 이것이 긍정적인 트리거다. 부정적인 트리거의 예로는 스마트폰이 있다. 대부분의 사람이 평균적으로 하루에 400번 이상 스마트폰을 확인한다는 사실을 알고 있는가? 누구라도 엄청나게 산만해질 수밖에 없다. 시각적 신호는 당신의 행동을 유발한다. 따라서 당신의 스마트폰이 소셜 미디어나 이메일 또는 페이스북 메신저를 확인하게 하는 부정적인 트리거라면, 진동이 오거나 신호음이 울릴 때마다 당신은 자극받아서 응답하려고 할 것이다. 스마트폰을 확인하려고 할 때, 올바른 트리거로 연결되도록 설정하라. 홈 화면에 자신의 목표를 설정해두면, 화면에서 가장 먼저 눈에 띄는 것이 이루고 싶은 목표가 될 것이다.

우리의 선택과 습관 중 많은 것이 미루기로 이어져왔다. 여기 또 다른 예가 있다. 집에서 일하기 시작한 첫 번째 해에는 작업 공간에 TV가 있었다. 그것은 정말로 안 좋은 생각이었다. 안절부절못하고 지루해져서 주의를 다른 곳으로 돌릴 곳이 필요했을 때 내가 무엇을 했을까?

넷플릭스를 봤다. "잠깐 쉬면서 넷플릭스에서 10분 전에 확인한 이후로 또 새로 나온 게 있는지 확인해봐야지. 아직 안 나왔네." 이 나쁜 행동은 끊임없이 반복되었다. 중요한 작업을 수행하는 데 방해가 되는 모든 것이 부정적인 트리거다. 쓸데없는 정보를 재생산하는 뉴스 콘텐츠를 탐닉하거나 정크 푸드를 먹거나 저질스러운 대화에 참여하는 행동 모두가 그렇다.

내 해결책은 다음과 같았다. TV 켜기를 어렵게 하기 위해 플러그를 뽑아봤다. 리모컨도 숨겨봤다. 모두 실패였다. 주의를 다른 곳으로 돌리고 미루고 싶은 충동이 강했다. 그래서 내가 할 수 있는 유일한 일을 했다. TV를 중고용품점에 들고 가서 100달러에 팔아버렸다. 그 이후로 생산성과 집중력이 그 어느 때보다 향상되었다. 나는 여전히 미룰 방법을 찾지만, 트리거가 뭔지를 알아차리는 것이 이를 제거하는 비결임을 안다. 대부분은 알림 기능을 약간 조정하거나, 앱을 완전히 제거하는 것으로 해결할 수 있다.

핵심은 당신 주변을 긍정적인 시각 신호로 채우는 것이다. 작업 공간 벽에 목표를 붙여두어라. 동기부여가 되는 인용구를 적어보라. 일정표를 책상 위에 두고 항상 눈에 잘 띄게 하라. 미루는 버릇에 패배하지 말고, 그것을 진지하게 물리쳐라. 시각적 단서는 미루는 버릇을 극복하는 데 매우 중요하다.

시각적 단서와 동기부여

주변을 긍정적인 트리거로 채우면, 그것이 의도적인 행동을 취하도록 당신의 마음을 자극한다. 지금 당장 행동해야 한다는 것을 기억할 필요가 없다. 주위의 환경이 당신에게 그렇게 하도록 상기시키고 있기 때문이다. TV가 쉽게 접근할 수 있는 범위에 있지 않다면, TV를 볼 가능성은 적어진다. 또는 앱을 삭제해버려서 스마트폰에서 접근을 차단했다면, 오늘 아침에 스마트폰에서 인스타그램을 50번 확인할 가능성도 적어질 것이다.

필요한 것은 무엇이든 하라! 당신 내면의 미루고 싶어 하는 마음을 이기는 데 필요한 모든 것을 기꺼이 해야 한다. 당신은 당신의 마음속에 사는 게으른 악마보다 똑똑하다.

주변에 있는 시각적 단서를
미루는 습관에 대한 무기라고 생각하라.
스스로 만들어낸 긍정적인 트리거와 함께
자신감을 높이면
주의산만이라는 적에 맞설 힘을 기를 수 있다.

진실은 당신의 발전 속에 있다. 일정표를 통해 당신이 무엇을 하고 있는지 파악하라. 일정에 고정해두어라. 오늘이 '그 일'을 완수하기로 한 날임을 상기할 수 있도록 알림을 설정하라. 주위 환경을 지배함으로써 그날의 성과를 지배하라. 당신을 이리저리 끌어당기는 원숭이 마음에 굴복하면 추진력과 자신감을 잃게 된다.

동기부여 넛지를 사용하는 것도 추천한다. 동기부여 넛지는 할당된 시간 내에 일을 완료하기 위해서 환경을 약간 변경하는 것이다. 이것은 집중을 위한 강력한 전략이다. 목표가 세계 여행이라면 책상 근처에 꿈에 그리던 여행 사진을 놓는 것을 고려해보라. 그 사진을 출력해서 벽에 붙여라. 이것은 당신이 일을 시작해야 할 때 동기를 유발할 것이다.

새 책을 쓰기 시작할 때, 나는 항상 표지를 먼저 만든다. 내가 집중해서 일하는 곳 주변에 빼곡히 붙여두어, 글을 쓰려고 할 때마다 내 목표가 무엇인지 알 수 있게 한다. 미루고 싶은 충동이 들 때, 표지가 보이면 하던 일을 계속할 수가 있다. 이것이 나의 작은 동기부여 넛지다.

- 미루는 행동을 유발하는 부정적인 요인이 있는지 살피기 위해 하루에 한 번씩 주위 환경을 훑어보라.

- 당신이 이용하는 디지털 콘텐츠를 하루에 여러 번 살펴봐서, 주의를 흩뜨 리는 파일을 삭제하거나 다른 곳으로 이동시켜라.

- 당신이 일하는 장소에 가서, 주변 환경에 주의를 산만하게 하는 요소가 있는지 살펴보라. 여기에는 업무 공간과 디지털 공간이 모두 포함된다. 공간만 차지하는 잡동사니를 버리거나 정리하라. 당신이 절대 건드리지 않는 아이템이라면, 시야에 있을 필요가 없다.

- 하루에 한 번, 아침에 일을 시작하기 전에 이 작업을 한 다음 당신의 환경 속에서 몰두하라. 하루를 시작할 때마다 나는 뒤로 물러서서 책, 흩어져 있는 종이, 노트를 비롯해 내 주의를 빼앗는 모든 것을 찾기 위해 주변 환 경을 훑어본다. 어제 놓쳤던 것이 갑자기 튀어나오면, 그게 내 주의를 빼 앗아 갔다는 것을 기억해내기도 한다.

- 당신의 동기 유발 요인은 무엇인가? 그것이 무엇인지 파악하고 당신 시 야에 있도록 하라. 마음이 항로를 벗어나고 싶은 유혹에 시달릴 때, 당신 의 꿈과 목표가 주의를 사로잡도록 하라.

22

80 대 20 법칙:
자기 파괴적 사이클에서 벗어나기

"우선순위를 정할 때, 어떤 일을 할지보다는 언제 할지에
대해 생각하라. 타이밍이 전부다."

— **댄 밀먼**Dan Millman

결과의 80퍼센트는 종종 20퍼센트의 노력에서
나온다. 80 대 20 법칙은 이탈리아 경제학자 빌프레도 파레토
가 처음 소개했다. 우리가 해야 할 일을 걸러내기 위해서는 80
대 20의 법칙이 매우 중요하다. 당신에게 주어진 하루라는 시
간을 생각해보라. 자는 시간 8시간, 먹는 시간 1시간, 일하는 시
간 8~10시간, 약 4~5시간의 휴식 및 친목 도모의 시간 등을 포
함해 24시간이다. 그중 얼마나 많은 시간에 80 대 20 법칙이 적
용되고 있는가?

내 경험에 대해 말하자면, 나는 80 대 20 법칙과 씨름하는 데 수년을 보냈다. 너무 많은 프로젝트, 수많은 체크리스트와 할 일 목록, 깜빡거리거나 알람을 울리는 모든 것이 내 주의를 서로 다른 방향으로 끌어당기고 있었다. 문제를 알아차리게 된 것은 나의 동료 덕이었다. 그로 인해 나를 둘러싼 대부분의 일이 습관적으로 긴급한 일에 반응하는 식으로 구성되어 있음을 알게 되었다. 나는 항상 이메일이 도착하자마자 답장하려고 했다. 누군가가 필요하면 바로 전화를 걸었다. 이렇게 하면 중요한 작업이 무시되기 쉬운데도, 나는 쉽고 빠른 성취를 선호했다.

쉬운 일을 하기 위해 힘든 일을 무시하면,
뇌는 긴급한 상황에 대응하는 데 주로 쓰이면서
미루는 패턴을 반복한다.

미루는 것이 나의 아킬레스건이었고, 그것이 나를 방해하는 유일한 점이었다는 것을 깨달을 때까지 나는 이 자기 파괴적 사이클을 반복했다.

1천 시간을 아끼는 법

당신의 업무 중에서 특히 주의를 기울이는 작업은 결과의 80퍼센트를 창출하는 데 집중해야 한다. 다시 말하면, 당신이 하는 일 중에서 아주 일부만이 눈에 보이는 결과를 만들 수 있다. 당신에게 가장 큰 즐거움, 가장 큰 성공, 최고의 성취를 가져다주는 작업(당신을 최고로 만들고 과거의 한계를 뛰어넘는 활동)이 무엇인지 골라낼 때, 결과물의 80퍼센트를 제공하는 20퍼센트에 해당하는 일이 무엇일지 잘 살펴보라.

아무리 열심히 일한들, 일한 시간보다는 수행하는 작업의 질이 중요하다. 우리가 힘든 일에 저항할 때, 보통은 낭비되는 80퍼센트의 시간에 빠지기 쉽다. 80 대 20 법칙은 당신 행동의 20퍼센트로 인해 생성된 놀라운 결과를 측정한 것이다. 예를 들어보자.

- 한 교실에서 20퍼센트의 학생이 80퍼센트의 학생들보다 높은 점수를 얻는다.
- 일상적인 습관의 20퍼센트가 중요한 결과물의 80퍼센트를 구성한다.
- 기업가의 수입 중 80퍼센트는 생산물의 20퍼센트에서 나온다.

- 당신의 주변 사람 중 20퍼센트가 80퍼센트의 행복감과 충족감을 가져다준다.
- 작업을 계획하는 데 소요된 20퍼센트의 시간이 결과의 80퍼센트가 된다.
- 중요한 업무를 하는 데 쓴 시간의 20퍼센트가 긍정적인 결과 또는 완료된 목표의 80퍼센트로 이어진다.

쉬운 일만 처리하면, 항상 가치가 낮은 일부터 시작해서 처리하는 습관을 갖게 된다. 이렇게 당신의 기본 습관이 형성될 것이다. 80 대 20의 법칙은 지금 해야 하는 힘든 일에 집중할 수 있도록 해준다.

매일 당신의 최우선 순위 업무부터 시작하라. 하루를 시작하고 처음 30분 동안 그것을 하라. 당신에게 큰 포부가 있다면 최선의 시간 사용법을 찾기 위해 노력해야 한다. 하루의 20퍼센트가 최상의 결과의 80퍼센트를 만든다.

나는 하루를 시작할 때마다 자신에게 묻는다. "내가 지금 하는 일이 상위 20퍼센트에 해당하는가, 아니면 하위 80퍼센트에 속하는가?" 이 결정적인 질문은 당신의 인식을 현재로 끌어들인다. 그것은 당신이 매일 가장 먼저 하는 일이 무엇인지 깨닫게 해준다. 많은 사람이 습관적으로 아무 소용이 없는 일부터 시작한다. 그들은 이메일을 확인하고, 이런저런 앱을 열어보고, 과거와 관련된 일에 대해 생각하는 것으로 하루를 시작한다.

쉬운 일에 빠져드는 습관을 물리쳐라. 반짝이는 물체와 쓸데없는 일에 시간을 낭비하게 만드는 습관 말이다. 하루 30분만 의미 없는 일을 하거나, 충동이 느껴질 때마다 소셜 미디어를 확인하는 데 낭비한다고 해도, 일주일이면 3시간 30분, 한 달이면 14시간, 1년이면 168시간이 된다. 최하위 수준의 일에 7일을 낭비하는 셈이다. 하루에 30분만 해도 이런데, 2~3시간 정도라면 어떻겠는가?

당신에게는 시간이 있다. 하루의 모든 순간이 당신 것이다. 자신감을 채울 수 있는 일을 하라. 힘든 일, 즉 뿌듯해질 수 있는 일을 먼저 하라. 이 훈련을 꾸준히 하면 몇 주 안에 80 대 20 법칙을 당신 삶에 적용하게 될 것이다. 가장 중요한 일련의 일들 (20퍼센트에 해당하는 일)을 제어하고 80퍼센트의 시간과 에너지 낭비를 점차 줄여가면 미루는 습관을 극복하게 될 것이다.

— 당신이 하는 일의 자취를 잘 쫓아라. "이 일은 20퍼센트일까, 80퍼센트
일까?"라고 자신에게 물어보라. 종이에 두 개의 원을 그리고 20퍼센트
원 안에 가장 중요한 세 가지가 무엇인지 써넣어라.

— 명상인가, 글쓰기인가, 아니면 사업을 위해 제품을 만들어내는 것인가?
80퍼센트 쪽의 원에 우선적 가치가 낮은 업무를 선별해본다. 이메일일
수도 있고, 스마트폰을 보면서 노는 것일 수도 있고, 일하던 중간에 TV를
보는 것일 수도 있다.

— 당신이 고정적으로 당연하게 수행하던 일을 식별할 수 있게 되었으므로,
이제는 20퍼센트 작업으로 전환하라. 20퍼센트 범위에서 대부분 시간
을 보내고, 80퍼센트의 영향력을 만드는 것에 집중하라.

3부

나를 망치는 최악의 습관에서 빠져나오기

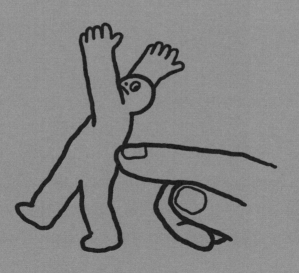

자기 인생에서 자꾸
도망가는 버릇

"만일 당신이 막판에 '벼락치기'로 모든 것을 성취할 수 있다
고 믿는다면, 지금은 절대로 손가락 하나 까딱하지 마라. 하지
만 이미 비가 내리기 시작했다면, 당신은 방주를 짓기 시작하
는 것에 대해 다시 생각하게 될 것이다."

— 맥스 브룩스Max Brooks

힘든 일을 피한다는 것은 나쁜 버릇이 깊이 자리
잡은 것이다. 모든 중독이 그렇듯 우리는 어딘가에서 탈출하기
위해서 그 버릇을 시작한다. 잠깐은 기분이 좋지만, 결국에는
효과가 사라진다. 지난주에 있었던 것과 같은 효과를 얻으려면
약물(회피)을 더 많이 복용해야 한다. 그것은 불편한 일로부터
의 탈출을 약속하지만, 당신이 고통받으며 살아야 하는 감옥을
만든다. 당신의 머릿속에서는 이런 목소리가 들린다. "나랑 같

이 가면, 이 힘든 일을 미루고 재밌게 지낼 수 있게 해줄게. 이 런 어려운 일은 할 필요 없어."

미루는 습관은 부정적인 중독이며
기만적인 적이다.
친구처럼 접근하지만
나중에는 당신에게서 등을 돌린다.

나는 압박감이 들 때 일이 더 잘된다고 생각하곤 했다. 사실은 그렇지 않은데도. 마지막 순간까지 손 놓고 있는 한심한 나를 위안하기 위한 말이 아니었을까. 나는 만성적으로 미루는 사람으로서, 이 상태를 아주 현실적으로 받아들여야 했다. 나를 지켜준다고 믿었던 변명은 결국 힘을 잃었다.

미루기 습관이 사람들을 미치게 하는 걸 많이 봐왔다. 그들은 아무리 손해를 입어도, 미루는 행동을 멈추지 못했다. 일을 미루는 것은 수년간의 반복을 통해서 강화된 부정적 학습 행동이다. 습관처럼 말이다. 당신과 나는 이렇게 태어나지 않았다.

당신이 힘든 일을 피한다면 그것은 당신을 불편하게 만드는 일에 부정적으로 반응하도록 설정되어 있기 때문이다. 나는 아직도 초콜릿 먹는 습관을 버리지 못했고, 매일의 소비를 점검하려면 애를 써야 한다. 왜 그럴까? 하나는 재미있고 다른 하나는 그렇지 않기 때문이다. 하지만 내가 지루하다고 분류해놓은 작업이 내 인생에 더 중요한 것은 확실하다. 일이 어려워지기 시작하면 뇌가 제동을 건다. 도파민 분비를 일으키는 쉽게 얻을 수 있는 것, 즉각적인 것, 가장 쉬운 경로를 찾기 시작한다. 내가 선택할 수 있는 재미있는 일을 하는 게 최선의 행동이 되는 것이다.

여기에 딜레마가 있다. 우리가 피하는 힘든 일은 인생에서 가장 큰 성공을 향한 길일 수도 있지만, 해보기 전에는 결코 알 수가 없다. 어떤 선택이 최상의 결과를 가져올지 예측할 수가 없기 때문이다. 많은 사람이 성공하기 쉬운 일을 선택하는 이유는, '실패 없는' 기회가 있어서다. 이전에 이미 해봤고 무엇을 기대해야 하는지 알고 있으며 쉽고 재미있고 예측할 수 있는 길을 택하는 게 미지의 길을 가는 것보다 낫다. 장애물에 부딪히기 전까지는 말이다.

당신이 앞으로 나아가기 위해 지금 실천해볼 수 있는 세 가지 단계가 있다. 나는 당신이 이 단계를 따르기를 권한다. 넘어지면 어깨를 으쓱하고 그냥 다시 앞으로 나아가라. 우리는 모든 것을 완벽하게 만들고, 반드시 올바르게 수행하고, 실패를 직면하지 않으려고 지나치게 애쓴다.

❶ 지금 당장 결심하라

이것은 당신의 책무다. 자신과 약속하고, 우주와 약속하고, 친구와 약속하라. 이제부터는 벽에 부닥칠 때, 즉시 멈춰 서서 당신이 지금 당장 할 수 있는 일이 뭔지 생각하기로 결심하라. 무언가를 결심하는 순간은 강력하다. "바로 이거야, 이게 내가 할 일이야!"라고 결심할 때, 다른 모든 것에 대한 길도 열린다. 잘못될까 봐 결정을 주저하고 있는 것이 있다면, 뭐라도 결정하라. 어떤 결정을 해도 상관은 없지만, 완벽한 순간을 기다린다면 결국 오랜 시간 동안 회피하게 된다. 결국은 아무것도 안 되어 있을 것이고, 당신은 추진력을 잃게 된다.

❷ 고요함 속에 앉아 있어라

우리는 모두 주위에서 아무 일도 일어나지 않는 침묵의 순간을 두려워한다. 세상은 조용한 곳이다. 우리는 어둠에 둘러싸여 있고, 어둠의 97퍼센트는 침묵이다! 잠시 상상해보라. 스트레스를 받거나 해야 할 일이 너무 많은 나머지, 중압감 때문에 어디서부터 시작해야 할지 모를 때는 자신만의 조용한 장소를 찾아가라. 복잡한 세상은 주의를 흩뜨릴 수 있고, 그대로 놔두면 세상 속 모든 것이 당신의 주의를 산만하게 한다.

❸ 반복되는 부정적인 생각을 파악하라

스스로 만들어낸 마음속 부정적인 믿음의 목록을 살펴보라. 고요한 상태에서 자신의 생각에 귀 기울이며 앞에서 나온 과제들을 해나간다면, 그것이 무엇인지 찾아낼 수 있다. 그 목록은 당신의 머릿속을 휘저으며, 앞으로 일어날 일에 대한 무서운 이야기를 들려준다. 공포영화의 한 장면이 반복적으로 재생되듯이, 부정적 생각은 당신이 만일 이것을 하면 어떤 일이 일어날지에 대한 비극적인 이야기를 계속해서 이야기한다.

터무니없게 들리겠지만, 연구에 따르면 우리는 일주일에 1,000번 이상 똑같은 부정적인 생각을 자신에게 들려준다. 그 생각이 반복 재생될 때, 거기에 붙어 있는 부정적인 생각을 알아차려라. 그리고 더 이상 그 거짓말을 믿지 마라. 목록을 적은 다음, 큰 소리로 "너랑은 끝이야! 내 머리에서 나가!"라고 말한 다음 종이를 찢어버려라. 나는 이를 위해 시각화 프로세스도 사용한다. 종이를 가져다가 우주의 블랙홀에 던지는 상상을 한다. 종이를 태워버리는 모습을 상상할 수도 있다. (집에서는 태울 수 없으니까).

부정적인 생각을 꺼내어놓고 보면, 풀처럼 마음에 달라붙는 나쁜 믿음을 바꾸는 데 큰 도움이 될 것이다. 당신에게는 그런 부정적인 생각이 필요 없다. 당신이 힘든 일을 완수하는 놀라운 힘을 가진 강력한 전사라는 진실만이 필요하다.

　그 밖에 당신이 게으르고, 가짜고, 필요한 능력도 갖추지 않고 있다고 말하는 모든 것이 마음속에서 상영되는 가짜 영화임을 알아차려라. 마음에서 꺼내어 태워버려라. 그다음 당신이 해야 할 일을 훌륭하게 해내라. 당신은 모든 것을 완전히 바꾸기 위해 여기에 있다.

한순간도 편치 못한
마음으로 살아가기

"실패를 두려워하지 않으면 틀을 깰 수 있게 된다. 틀을 깨
면 당신은 문화를 바꿀 수 있고 어쩌면 잠시나마 삶 자체
를 바꿀 수도 있다."

— **맬컴 맥라렌**Malcolm Mclaren

압도감은 당신의 생각, 마음, 감정을 사로잡는 강
렬한 압박의 느낌이다. 당신은 물에 빠져서 허우적거리고 있다
고 느끼며, 아무리 애쓰고 몸부림쳐도 해안가에서 더 멀어지는
것처럼 느낀다. 누군가는 압도감을 느낄 때의 감정을 이렇게
설명했다.

"할 일이 너무 많아서 완전히 압도당하거나, 중요한 프로젝
트를 다른 일 때문에 미루고 있을 때면, 산 아래에서 정상을 올
려다보고 있는 듯한 느낌이 듭니다. 오르기 시작한다고 해도,

봉우리가 가까워지기는커녕 멀어지지요. 움직이고 있는데도 아무 데도 가지 않는 것 같아서 절망감을 느껴요."

압도감은 스스로 만들어내는 마비 상태다. 잘못된 계획과 실행 부족으로 인해 발생할 수 있다. 마지막 순간까지 무언가를 미루다가 압도감을 느끼는 경우가 많다. 차근차근 일을 해 나가기보다는 마지막까지 기다렸다가 모든 것을 마감 직전까지 밀어붙이고, 더 이상 시간이 없을 때가 되어서야 끝을 향해 미친 듯이 질주한다. 그 결과 고객은 화를 내고, 직원은 급여를 언제 받을지 불안해하며, 가족은 반복해서 "그거 아직 안 했어?"라고 묻는다. 압도감과 압박감은 당신을 위독하게 만들 수 있다. 당신을 고립시키고 엄청난 스트레스를 안겨준다.

이 부정적인 습관이 당신에게 있다면,
당신은 알고 있을 것이다.
더 오래 지체할수록
더 많은 대가를 지불해야 한다는 것을.

미루는 일에 대한 혹독한 대가를 그만 치를 때가 되었다. 압도감 극복을 위해, 흐름을 놓치지 않는 데 도움이 될 다섯 가지 전략을 소개한다.

❶ 한 번에 하나의 작업에 집중하라

멀티태스킹은 위험한 활동이다. 그것은 생산성을 죽이고 지금 모든 것을 끝내기 위해 당신의 뇌에 많은 스트레스와 압력을 가한다. 그러나 당신은 해낼 수 없다. 한 번에 더 많은 작업을 시도할수록 뇌의 힘은 약해진다. 나는 몇 년 동안 습관적으로 멀티태스킹을 해왔다. 컴퓨터에는 스무 개의 서로 다른 탭이 열려 있었고, 지루해지거나 도파민이 필요할 때면 모든 탭을 넘겨보고, 이메일을 확인하고, 게시물을 읽고, 채팅 메시지에 응답했다. 한 시간이 지났을 때 나는 아무것도 하지 못했다. 우선순위가 높은 프로젝트가 쌓이게 되면서는 멀티태스킹을 더 많이 했다. 무언가를 한다는 것 자체로 기분이 괜찮았고, 분주하다는 느낌이 들기도 했기 때문이다. 이를 극복하기 위해 멀티태스킹 사고방식을 바꿨다. 모든 일을 당장 할 필요는 없고, 지금 모든 일을 완료할 수는 없다고 생각하기로 마음먹었다. 뇌가 세 개 있고 팔이 여섯 개 있는 것이 아니라면, 한 가지 일만 하되 그것이 최우선 순위여야 한다.

❷ 지금 당장 당신의 1순위에 집중하라

몇 분이면 끝날 일, 혹은 이번 주에 언젠가 할 수도 있는 일에 압도되면, 현재를 의식하고 감각할 수 없다. 미루고 있는 힘든 일들, 우선순위에 있는 일들은 현재에 있는 것이지, 미래에 있는 것이 아니다. 오늘 가장 중요한 것이 무엇인지 결정하고 한 시간을 차단해서 그 일을 하라. 몇 분 후 또는 몇 년 후의 미래에 대해 생각하는 데 초점을 맞추면 더욱 쉽게 압도당한다. 생길 수도 있고 생기지 않을 수도 있기에 제어하기가 힘든 생각의 가능성을 차단하기 위해서는, 이 순간의 우선순위에 집중하라. 오늘 당신의 1순위는 무엇인가? 지금 가장 중요한 일은 무엇인가? 지금부터 10분간 목표 달성을 위해서 할 수 있는 어렵고 힘든 일은 무엇인가?

❸ 심호흡 명상을 연습하라

명상은 정말로 많은 것을 바꿀 수가 있다. 나는 작년에 시작해 심호흡 명상을 하면서 하루에 15~20분을 보냈다. 명상이 당신의 삶을 변화시킬 것이라고 확신한다. 마크 디바인은 자신의 저서『무적의 마음』에서 내가 매일 실천하고 있는 효과적인 '박스 호흡법'을 알려준다. 방법은 다음과 같다.

1. 공기를 내쉬면서 시작한다.
2. 다섯을 세면서 숨을 들이쉰 다음, 숨을 참으며 다섯을 센다. 배를 압박하거나 등에 긴장이 가지 않도록 한다. 숨을 들이쉬는 것을 멈춘 다음, 허리를 세운 채로 있어라.
3. 숨 참기가 끝나면 숨을 내쉬며 다섯을 센다. 그런 다음 내쉬는

숨을 멈추고 다섯을 센다.

4. 숨을 참을 때마다 "나는 이기고 있다, 나는 점점 더 잘하고 있다. 나는 매일 나아지고 있다."와 같은 확언을 추가하라.

❹ 패배적인 생각을 전환하라

미루기는 언제나 생각으로부터 시작된다. '나는 이 일을 절대 해내지 못할 거야.' 또는 '나는 할 일이 너무 많아. 희망이 없어.'라고 생각할 때, 당신은 이미 실패할 준비를 하고 있다. 자기 패배적인 생각에 압도되면 당신의 머리는 몇 분 안에 안개에 휩싸인다. 자신의 생각은 자신의 것이다. 자신을 파괴하는 생각 대신에 자신에게 힘을 실어주는 생각을 만들어낼 수 있다는 뜻이다. 목표는 긍정적인 일화와 힘이 되는 단어들로 자신의 생각을 강화하는 것이다. 부정적인 생각을 힘을 실어주는 생각으로 바꾸는 것부터 시작하라. 자신이 좋은 사람이 아니라는 기본적인 믿음을 자신에게 힘을 주는 믿음으로 대체하라. 자기 파괴적인 생각들을 다른 생각으로 대체하라.

'오늘 다 끝내지 못할 수도 있지만, 지금 하거나 도움을 구한다면 마칠 수도 있을 거야.'

'당장은 압도감이 들지만, 지금 좀 쉬면 다시 할 때 다른 느

낌이 들 수도 있어.'

'지금 당장은 벅찬 것 같지만 작은 부분으로 나누면 할 만할 지도 몰라.'

❺ 적어두어라

나는 압도감을 느낄 때마다 이런 기분이 들게 만드는 일이나 활동이 무엇인지 적어본다. 압도감은 회피를 불러오는 첫 번째 트리거다. 당신은 무엇에도 압도되고 싶지 않으며, 기분이 괜찮기를 원한다! 압도되는 듯한 부정적인 감정은 두려움과 불안을 만들고, 이 때문에 당신은 정신적으로 아무것도 하지 못하는 경직상태가 된다. 여기에 해결책이 있다. 이 감정을 만드는 이유를 적어보고, 그것을 인정하라.

나는 수년간 정보 수집가였다. 무언가를 다운로드해서 드롭박스나 데스크탑 폴더에 넣기를 좋아했다. 만일 당신이 컴퓨터로 하루에 몇 시간을 보내는 사람인데 파일들이 뒤죽박죽이라면, 쓰레기로 가득 찬 방에 앉아 있는 것이나 다름없다. 그동안 나는 온갖 PDF, 오디오 파일, 워드 문서에 압도당해 있었다. 압도감이 느껴질 때마다 당황했고, 원하는 것을 찾을 때까지 수많은 파일을 뒤져보아야 했다. 그 무렵 내 마음은 고갈되었다.

당신은 스트레스를 받는 모든 것에서 압도감을 느끼고 극도로 피로해질 수 있다. 그것이 무엇이든 압도당하는 즉시 적어두어라. 하던 일을 멈추어라. 당신은 조치해야 할 무언가를 방금 찾았다. 그 무언가를 확인함으로써 문제를 인정한 셈이 된다. 이 과정을 거쳤다면 그 문제를 해결하기 위해 노력할 것이다.

부정적인 말의 감옥에
자신을 가두는 습관

"인간 본성에 대해 내가 아는 가장 비극적인 것 중 하나는 우리에게 인생을 미루는 경향이 있다는 것이다. 우리는 모두 오늘 창밖에 피어난 장미를 즐기는 대신, 지평선 너머의 마법과도 같은 장미정원을 꿈꾼다."

― 데일 카네기, 『인간관계론』 중에서

'셀프토크'는 내면의 목소리다. 이 목소리는 연중무휴 가동되고 있다. 당신은 의도적으로 내면의 대화에 귀 기울이지 않을 수도 있겠지만, 평생 셀프토크를 연습해왔다. 마치 마음에 대한 해설 방송이 자동으로 재생되는 것과 같다. 그 목소리는 자신과 주변 세계를 보는 방식에 영향을 미치기도 하고, 새로운 방식을 창조하기도 한다. 내면의 부정적인 셀프토크는 해롭다. 그것은 수십 년 동안 지속되는 자기 파괴적인 미루기 사이클로 이어진다. 우리가 자기 자신에게 말하는 내면의 목소리는 외부 세계로 나타나 현실이 된다. 당신이 미루는 습관을 물리치는 데 무력하다고 생각한다면, 당신은 그렇게 행동하고 말할 것이고, 그러면 그것은 당신의 내면적 프로그래밍의 한 부분이 될 것이다.

이런 말이 익숙한가?

"난 정말 미루기 대장이야."
"난 늘 마지막 순간까지 일을 미뤄. 내가 그렇지 뭐."
"내겐 시간 관리 능력이 부족해."
"왜 늘 마지막 순간에 일을 미룰까? 정말 구제불능이야!"

셀프토크가 강력한 이유는 그것이 당신의 현실을 만들어내기 때문이다. 그것은 우리의 믿음을 굳건히 다지며, 건축가처럼 당신의 마음을 설계한다. 따라서 셀프토크를 모니터링하는 것이 중요하다. 나는 사람들이 셀프토크 연습을 통해서 말 그대로 모든 것을 변화시키는 것을 보았다. 쉽지는 않지만, 자신에게 던지는 부정적인 비판을 조금씩 없앤다면 긍정적인 에너지가 쌓여가는 것을 경험할 수 있다. 그러려면 셀프토크를 다시 열심히 프로그래밍해야 한다.

우리가 삶을 통제할 수 없는 이유는 우리 자신을 통제하지 못하기 때문이다. 머릿속에 갇힌 부정적인 메시지를 살펴보자.

"난 정말 미루기 대장이야."

미루는 것은 당신의 본질이 아니다. 미루는 사람으로 자신을 규정하지 마라. 습관에 감정적인 언어를 붙여 표현하면 좌절감만 맛볼 뿐이다. 보트에서 목숨을 내놓은 채 계속해서 다음 파도가 오기만을 기다리는 사람이 되는 것이다.

당신이 "나는 미루기 대장이야."라고 말하는 순간 당신은 이 말을 정말로 믿게 된다.

이 아이디어를 강화하는 건 당신을 가두는 일이나 다름없다. 패배의 순간마다 당신의 힘을 포기하는 것이다. 당신은 이런 식으로 행동하기로 선택하고 있다. 생각해보라. 당신은 자신이 되고 싶은 사람을 선택할 수 있다. 미래의 자신은 내일이나 내년에 존재하는 것이 아니다. 당신의 미래는 당신이 이 순간에 선택하는 지금에 있다. 당신이 지금 하는 일이 나중의 진로를 결정한다. "나중에 할게요."라고 말한다면, 지금이 아니라 나중에 고통을 받기로 하는 것이다.

"내겐 시간 관리 능력이 부족해."

다행히도, 시간 관리는 학습되는 기술이다. 뛰어난 시간 관리 기술을 타고나는 사람은 없다. 관심을 기울이고 지속해서 연습하면 향상되는 기술이다. 당신에게 유일하게 부족한 것은 이 기술이 향상될 수 있도록 노력하는 일이다.

'미루는 사람'이라는 정체성을 없애라

셀프토크에는 설득력이 있다. 그것은 당신이 깨닫지 못하는 사이에 집에 들어온 조용한 침입자로, 집 어느 한 구석에서 활동하고 있다. 당신의 잠재의식에 내장된 채, 과거로부터 이어져 온 거짓과 잘못된 믿음을 심어준다. 당신은 부정적인 자아를 당신 안에 사는 실체라고 생각해왔다. 영화 〈에일리언〉에 등장하는 얼굴을 빨아들이는 생물처럼, 그것은 당신의 정체성에 붙어 있다. 그 사이클을 끊으면, 더 이상 일을 미루는 사람으로 살지 않게 된다. 오히려 적극적으로 행동하는 사람이 된다. 자발적이고 의도적인 행동은 삶에서 긍정적인 에너지가 된다.

미루는 사람으로서의 정체성을 죽여라. 그러면 부정적인 언어 대신에 자신감 있는 언어를 구사하게 될 것이다. 이것은 당신의 개인적인 '사랑의 언어'가 될 것이다. 누군가를 너무 사랑해서 그 사람에게 매일 말하고 싶은 충동을 느낀 적이 있는가? 파트너에게, 부모에게, 자녀에게 또는 가장 친한 친구에게 해주었던 말을 이제 자신에게 해주자.

마음속의 부정적인 이야기를 없애기 위해, 나는 자기애와 관련된 다음과 같은 문구를 사용한다.

- "나는 일을 해내는 사람이다."
- "나는 아침에 모닝 루틴을 끝낸 다음, 힘든 일을 가장 먼저 한다."
- "나는 힘든 일을 마지막에 하지 않고 가장 먼저 할 때 침착하고 편안해진다."
- "나는 내가 성장할 수 있게 해주는 힘든 일을 좋아한다."
- "나는 자신을 사랑하며, 내 인생은 훌륭하다."

당신은 부정적인 셀프토크의 습관에 빠져들고 있다. 여느 습관과 마찬가지로, 이 습관 역시 쓸수록 강해져서 깨지지 않는 강철 사슬이 된다. 그러나 우리는 이 습관에서 벗어날 수 있다. 다른 근육과 마찬가지로, 습관도 계속해서 쓰지 않으면 위축된다. 부정적인 셀프토크는 없애고 싶은 근육 중 하나다. 그 자리에 우리는 행동하는 습관을 대신 가져다놓을 것이다. 바로 의도적으로 힘든 일을 먼저 하는 습관이다. 힘든 일을 처리하는 것을 미루곤 했던 것처럼, 이제는 힘든 일을 완수하기 위해 의도적으로 행동할 것이다. 부정적인 셀프토크는 같은 메시지를 계속해서 반복할 때 자기 파괴적이 된다. 이것은 의도적인 세뇌다. 당신은 미루는 습관에 빠져들면서 무력감을 느낀다. 그러나 이것을 기억하라. 일을 해낼 누군가는 오로지 당신뿐이다!

언어의 힘을 믿는 법

자신의 마음속에서 만들고 있는 언어가 어떤 것인지 알아차려라. 내면의 대화를 모니터링하라. 당신의 생각을 적어보라. 셀프토크는 당신이 꾸준히 계속해서 자신에게 말해온 언어다. 부정적인 셀프토크가 정말로 당신의 마음이 될 때까지 이것을 반복적으로 수행해왔다. 시간이 지남에 따라 당신은 '이것이 바로 나'라고 믿기 시작한다.

아침에 15분 동안 고요하게 있어라. 내면의 소프트웨어를 다시 프로그래밍하면서 하루를 시작하라. 주변의 침묵을 들어보라. 지금, 이 순간으로 자신을 가져오라. 있을 수 있는 만큼 거기에 있어라. 갖고 싶은 아이디어와 생각을 마음에 공급하라. 자동조종 모드로 설정된 셀프토크를 종료하라.

부정적인 셀프토크의 함정을 확인하라. 어떤 시나리오는 자신에 대한 의심을 증가시키고 더 부정적인 셀프토크로 이어나가게 할 수 있다. 부정적인 셀프토크를 경험하는 시점을 정확히 파악한다면, 이를 극복하기 위해 예상하고, 준비하고, 행동하는 데 도움이 될 수 있다.

긍정적인 사람들과 어울려라. 스스로 알아채든 그렇지 않든, 당신은 주변 사람들의 시각과 감정에 영향을 받는다. 이러한 시각과 감정에는 부정적인 것과 긍정적인 것이 모두 포함되므로, 가능하면 긍정적인 사람들과 함께하라. 우리는 사무실을 같이 쓰거나 같이 살 사람을 언제나 고를 수 있는 것은 아니지만, 사람들의 부정적인 행동에 반응하는 방식은 선택할 수 있다.

당신이 어떤 함정에 빠졌는지 파악하라. 관계에 관한 것인가? 기업 문화에 관한 것인가? 낮은 자존감에 관한 것인가? 자신감 부족이 부정적인 셀프토크의 함정이라고 하기는 어렵지만 우울증, 부정적인 생각이나 트라우마와 씨름하다 보면 셀프토크는 마음에서 생겨나 서바이벌 모드가 된다. 이 경우 대화할 사람(또는 전문가)을 찾는 것이 좋다. 당신을 내면의 함정으로 이끄는 변명과 부정적인 감정을 더 쉽게 발견할 수 있을 것이다.

자기 파괴적인 변명을 모니터링하라. 앞서 언급했듯이 미루는 습관은 마음속 추론에서 시작된다. 당신에게는 오늘 이 일을 하지 않은 것에 대해 많은 변명거리가 있다. 당신이 가장 자주 사용하는 핑계는 무엇인가? 변명은 신념 체계를 구축한다. 당신은 하루에 수백 번 같은 변명을 자신에게 말하면서 어려운 일을 미룰 정당성을 강화한다.

감정을 느끼는 정기적인 시스템을 만들라. 기분이 좋지 않은 날이나 무슨 일이 생겼을 때, 잠시 멈추고 자신의 셀프토크를 점검하라. 나쁜 쪽으로 가고 있는가? 지금 어떤 생각이 드는가? 타이머를 설정해서 그 이후에는 그 생각을 하지 않도록 할 수도 있고, 구글 캘린더에 써놓고 당분간 잊을 수도 있다. 하루 중 아주 짧은 시간, 단 5분이라도 명상을 한다면 당신의 감정과 의식적으로 연결될 수 있다.

긍정적인 셀프토크 목록을 만들라. 마음의 주인이 되는 열쇠는 마음에 전달되는 대화를 통제하는 것이다. 효과적인 전략 중 하나는 긍정적인 언어의 목록을 가까이에 두는 것이다. 이것을 마음을 다시 프로그래밍하기 위한 새로운 스크립트라고 생각하라. 힘든 일을 먼저 하는 습관은 우리가 만들고 있는 감정에서 시작된다. '하고 싶은 기분'이 들지 않을 때, 내면의 대화를 확인해야 한다. 당신은 "이건 지금 할 필요가 없어." 또는 "나는 그럴 기분이 아니야. 왜냐하면⋯⋯."이라고 말하며 변명할 가능성이 있다.

긍정적인 셀프토크가 얼마나 중요한지 보여주는 문장들을 소개하겠다.

"우리의 잠재의식은 유머 감각이 없고 농담도 하지 않으며, 현실과 상상 혹은 이미지 사이의 차이를 구분하지 못한다. 우리가 계속해서 생각하는 것은 결국 우리 삶에 나타날 것이다."

— **시드니 매드웨드**Sidney Madwed

"기억하라. 행복은 당신이 누구인지, 또는 무엇을 가졌는지에 달려있지 않다. 그것은 전적으로 당신의 생각에 달렸다."

— **데일 카네기**

"인생은 부메랑 게임과 같다. 우리의 생각, 행동, 말은 결국 놀랍도록 정확하게 우리에게 돌아온다."

— **플로렌스 스코벨 신**Florence Scovel Shin

"긍정적인 생각을 하는 사람이 주위 세상을 긍정적으로 만들며, 자신에게 긍정적인 결과를 가지고 온다."

— **노먼 빈센트 필**

"어디를 가든 무엇을 하든, 당신의 머리가 한정하는 범위 내에서 평생을 살아간다."

— **테리 조지프슨**Terry Joesphson

"우리가 먹는 것이 아닌, 우리가 생각하는 것이 바로 우리다."

— **월터 앤더슨**Walter Anderson

"사람의 의지를 시험하는 데는 여러 가지 방법이 있다. 인생에 아무 일도 일어나지 않게 할 수도 있고, 모든 일이 한꺼번에 일어나도록 할 수도 있다."

— **파울로 코엘료**Paulo Coelho

"당신에게 일어난 모든 일에 대해, 당신은 자신을 딱하다고 느낄 수도 있고, 일어난 일을 선물로 받아들일 수도 있다. 모든 것이 성장의 기회일 수도, 성장을 방해하는 장애물일 수도 있다. 당신은 그 중에서 선택할 수 있다."

— **웨인 다이어** Wayne W.Dyer

꿈도 꾸지 못했던 일을 할 수 있는 힘이 당신에게 있다. 당신이 할 수 있다고 절대 생각도 못 했던 일을 당신은 할 수 있다. 당신이 할 수 있는 일에 한계란 없으며, 한계는 당신 마음속에만 있다.

— **다윈 킹슬리** Darwin P.Kingsley

4부

일에서, 집에서, 인간관계에서 힘든 일을 하는 법

일: 중요한 것만 남기는 업무 방식

"어떤 것이 당신의 주의를 차지하고 있는지 알아차리지 못하면, 그것이 생각보다 많은 집중력을 당신으로부터 빼앗아 갈 것이다."

— 데이비드 앨런David Allen, 『쏟아지는 일 완벽하게 해내는 법』 중에서

- 사무실 책상 정리하는 걸 미루느라 업무 환경이 엉망진창인가?
- 그때그때 삭제하지 못한 아이콘들이 컴퓨터 바탕화면을 꽉 채우고 있어서 필요한 파일을 찾을 때마다 몇 분을 쓰고 있지는 않은가?
- 중요한 업무는 미루고 쉽고 사소한 일만 쳐내고 있는가?

업무 공간은 힘든 일이 생기기 가장 좋은 장소다. 직장에서 힘든 일을 할 수 있는 방법들을 알려주겠다. 꼭 직장인이 아니라도 유용하다. 당신은 사업가일 수도 있고, 혼자 일하는 프리

랜서일 수도 있다. 이런 경우가 더 힘들다. 옆에서 자신을 지켜보는 누군가가 없다면 쉬운 일도 걸림돌처럼 느껴질 것이다.

나도 이 방법을 사용해서 직장에서 힘든 일을 한다. 이렇게 함으로써 일이 아닌 삶의 영역도 함께 향상되었다. 그 둘은 서로 긴밀히 연결되어 있다. 한 영역에서 만족하면, 다른 영역으로 전달된다. 그리고 직장에서 일을 미룬다면 집에서도 마찬가지다. 다음은 당신이 해봄 직한 세 가지 전략이다.

저항의 원인을 파악한다. 힘든 일이 우리를 넘어뜨리는 데는 이유가 있다. 그것은 힘들고, 우리는 힘든 걸 하고 싶지 않기 때문이다. 그래서 마음은 우리가 해야 하는 힘든 일을 피하려고 현실로부터 도피하여 더 쉽고, 더 재미있고, 더 즐거운 걸 찾는다. 그런데 저항은 끊임없이 반복된다.

힘든 일 목록에서 가장 쉬운 일부터 시작하라. 당신이 시작을 미루고 있는 프로젝트를 시도해볼 수 있겠다. 당신은 아마 그 프로젝트와 관련된 수많은 단계 때문에 시작을 미루고 있을 것이다. 모든 단계의 목록을 만들어라. 가능한 한 가장 작은 단계로 모든 걸 잘게 나눠라. 어떻게 해야 할지 정확히 모르겠더라도, 나누고 분류하고 적어놓아라.

다른 이에게 위임하라. 힘든 일을 하는 데 자신의 부족함이 느껴지면 저항감이 느껴진다. 하지만 우리는 모든 것을 알지 못하고, 모든 능력을 갖고 있지 않다. 이것이 우리가 세금 처리를 위해 회계사를 고용하고, 회사 로고를 만들기 위해 그래픽 디자이너에게 외주를 주는 이유다. 모든 것이 자신에게 달려 있다면, 힘든 일은 결코 끝나지 않을 것이다. 게으름의 문제가 아니라, 때마다 새로운 기술을 배우는 건 버거운 일이기 때문이다.

약점이 아닌 강점에 집중하라. 약점이 강점으로 발전하는 데는 시간이 걸린다. 몇 년이 걸릴 수도 있지만, 기초가 잡혀 있다면 며칠 만에 향상될 수도 있다. 당신의 강점과 다른 사람들의 강점의 균형을 맞춰서 팀이 되어 서로 협력할 수도 있다.

당신의 머릿속이 늘 복잡한 이유

바탕화면을 꽉 채운 아이콘, 스마트폰을 꽉 채운 앱, 읽지 않은 수많은 메시지……. 미루는 사람들의 메일함과 스마트폰은 어지럽고 복잡하다. 디지털 환경을 쉽게 정리하지 못하는 이유는 무엇일까?

디지털 콘텐츠는 무시하기 쉽다. 많은 이가 그러듯 당신도 컴퓨터 앞에서 하루에 몇 시간을 보내며 파일, PDF, 동영상, 사진 등을 일상적으로 다운로드하면서도 그것에 대해서는 거의 생각하지 않는다. 요즘에는 수백만 명이 넘는 사람이 온라인 플랫폼과 서비스에 참여하고 있으므로, 디지털 콘텐츠가 주는 혼란과 압도감 속에서 길을 잃기 쉽다.

온라인에서 많은 시간을 보내고 업무에 컴퓨터와 파일들이 필수인 사람들이라면, 깔끔하게 조직화한 온라인 공간을 구축하는 것이 필수적이다. 그래야 뇌의 피로를 줄이고 업무 효율이 좋아진다. 제일 좋은 것을 덜 미룰 수 있다는 것이다. 어지러운 화면만 봐도 도망치고 싶은 마음이 들 테니까.

당신의 디지털 환경은 수년이 지나면 무질서한 디지털 황무지로 바뀔 수 있다. 별도의 폴더를 만들어서 개인적인 콘텐츠를 저장하고, 더 잘 정리해야 한다는 것을 알고는 있다. 그런데도 구글 드라이브, 드롭박스, 에버노트, 데스크톱에 너무 많은 항목이 있어서 그것이 버겁게 느껴질 것이다. 심한 부담감이 느껴지면 나중에 하겠다고 일을 미루게 된다.

당신은 꼼짝없이 해야만 할 때가 되어서야 무언가를 시작한다. 그러나 그렇게 하기 전에 먼저 결심하고 자신에게 이렇게 물어보라.

"내 삶에서 이 부분이 수습이 잘 안 되는 건가?"

"이 부분을 고친다면, 내 삶이 어떻게 달라질까?"

디지털 혼란에 대한 책임이 자신에게 있다는 사실을 깨닫고 나면 기분이 좋아질 것이다. 이렇게 하면 당신의 컴퓨터와 저장 용량이 가뿐해질 뿐만 아니라, 마음도 홀가분해진다.

나의 디지털 황무지는 매주 내 시간을 엄청나게 잡아먹었다. 나는 필요한 것을 찾느라 매번 몇 분씩 허비했다. 내 파일은 완전히 엉망인 채 그대로 남아 있었고 정리하기로 작정하기 전까지는 나에게 어떤 파일이 있는지조차 몰랐다. 디지털 공간을 정리하는 힘든 일을 해내는 것의 이점은 다음과 같다.

집중력과 생산성이 향상된다. 이 두 가지 이점은 동시에 온다. 폴더 안에 쓸데없는 파일이 가득하면 주의가 산만해지고 정신 사나워진다. 나는 한 폴더에 파일을 500개나 둔 사람을 본 적도 있다. 원하는 것을 찾기 위해 끝없이 스크롤해서 내려가야 한다면, 혼란의 바다에서 헤엄치는 것과 같다. 그리고 어떤 것이 필요한지 결정하는 데 에너지를 쓰다 보면 정신력이 고갈된다. 디지털 폐기물을 정리하면 일상이 좀 더 단순해질 것이다.

컴퓨터 속도가 빨라진다. 데스크톱에 모든 것을 저장하면 컴퓨터 속도가 느려진다. 이렇게 하면 컴퓨터의 수명이 단축되는데, 이런 기기들은 저렴하지 않다. 또한 컴퓨터를 더 자주 청소해야 하므로 생산성이 저하된다.

용량과 관련된 비용과 시간을 절약한다. 자질구레한 것들은 엄청난 저장 공간을 차지하며, 용량을 늘리기 위해 더 큰 비용을 지출해야 할 수도 있다. 그리고 용량이 늘어나면, 당신은 파일을 더 많이 넣게 될 것이다.

자신감이 늘어난다. 부담스러운 프로젝트를 끝내려고 노력한다면, 거대한 공룡과 맞서 싸우는 자기 자신이 자랑스러워질 것이다. 살면서 미루는 대부분의 일과 마찬가지다. 에너지가 증가함에 따라 자신감도 증가하며, 이는 더욱더 생산적인 습관으로 이어진다.

오래된 파일을 발견할 수 있다. 당신의 디지털 황무지에서 몇 년 전에 썼다가 잃어버린 책을 만났다고 상상하라. 이런 일이 내 친구에게 일어났다. 그 친구는 잃어버린 줄 알았던 논문을 쓰느라 몇 달을 보냈다. 그리고 몇 달 후에 그 논문이 황무지에 묻혀 있는 것을 발견하고는 마침내 정리를 시작했다. 파일이 다른 이름으로 저장되어 있었기에 찾지 못한 것이었다. 그 친구는 이제 모든 파일의 이름을 정확히 적고 백업해놓는다.

다음은 파일을 정리하는 힘든 일을 하면서 자신에게 물어야 할 질문 목록이다.

- 매일 사용하는가?
- 이 파일을 마지막으로 열어본 적이 언제인가?
- 언젠가 쓸 거라는 이유로 가지고 있는가?
- 이 파일은 정말 쓸모가 있는가? 오래되지는 않았는가?
- 이미 끝난 프로젝트에서 나온 파일인가?
- 이 자료는 어떤 가치가 있는가? 감상적인 이유인가? 진행 중인 프로젝트와 관련 있는 것인가?
- 내년에 이것을 쓸 수 있을까? 향후 5년간은 어떤가?

버려야 할 것에 대해 자신에게 계속해서 질문하라. 업무 공간 주변을 살피며 주의가 필요한 모든 사항을 메모하라. 아무리 작은 것이라도 남기지 마라. 포스트잇에 할 일을 적어서 벽에 붙여두어라. 그런 다음, 하루에 한 가지씩을 실행하라. 한 개씩만 하면 된다. 이렇게 하면 부담감도 덜 수 있고, 목록에 있는 것들을 하나씩 해나갈수록 덜 불안하고 더욱더 자신감을 느끼기 시작할 것이다.

집: 마음 편하게
쉬고 싶다면

"결정의 순간에 할 수 있는 최선은 옳은 일을 하는 것이고,
차선은 잘못된 일을 하는 것이며, 최악은 아무것도 하지
않는 것이다."

— 시어도어 루스벨트Theodore Roosevelt

- 중고로 팔고 싶은 안 쓰는 물건을 귀찮아서 그대로 두고 있는가?
- 수리가 필요한 제품들을 고치기 귀찮아서 그냥 불편함을 감수하고 있는가?
- 싱크대가 넘치도록 쌓인 설거지거리를 못 본 척하고 있는가?

집에 부서진 곳이 있거나, 고장 난 물건이 있으면 집안일에
의욕이 떨어진다. 못 본 척하다가도 해야 할 일들이 눈에 밟히
면 편히 쉬어야 할 집 안에서 마음이 편하지 못하다. 일을 미루

는 습관이 있다면, 미루는 시간이 길어질수록 동기부여와 자신감에 더 큰 부담이 된다.

나는 구멍이 난 벽에 포스터를 붙이거나, 문손잡이가 부러져도 아무렇지 않은 척할 수 있는 사람이지만, 모든 습관을 뜯어고치기 위해 노트와 펜을 들었다. 나는 딱 5분을 차단하고, 부엌부터 시작해 화장실까지, 집 안 곳곳에서 개선이 필요한 사항을 적어보았다. 총 20분이 걸렸지만, 세 개의 공간에 대한 정리 목록이 생겼다.

내 목록은 다음과 같다.

- **바닥 타일 교체**
- **문손잡이 교체**
- **딸의 방에 난 구멍 메우기 (사라가 친구들에게 가라테 시범을 보여주다 벽을 발로 차서 생긴 구멍)**
- **거실 커튼 교체**

각 항목 옆에 내가 할 수 있는 것은 '셀프', 전문가에게 전화를 걸어야 하는 것은 '외주'라고 표시했다. 하기 어려운 일이 아니어도 구멍을 메우기 위해서 반나절을 써야 한다면, 몇 달러가 들더라도 20분 안에 이 일을 할 수 있는 사람을 부르는 게 나을 것이다. 나는 집 안의 나머지 부분을 살펴보고 개선하거나 고치거나 정리해야 하는 마흔일곱 가지 일을 목록으로 만들었다. 이 과정을 수행하는 데 한 시간 정도 잡기를 권한다.

내 관심을 끌려고 비명을 지르는 것들을 무시하는 데 알게 모르게 스트레스를 많이 받았다. 그것은 내 정신 에너지를 고갈시키고 나를 불안하고 산만하게 만들며, 동기를 고갈시킨다. 당신의 목표는 당신의 삶에서 불편함을 유발하는 모든 것을 제거하는 것이다.

아마도 당신은 이런 생활이 별거 아니라고 생각하려고 노력했을 것이다. "그냥 이렇게 살아도 괜찮아."라고 합리화했을지 모른다. 그런 다음 그 과정을 계속 반복한다. 그러면 곧 당신은 세상에서 벌어지는 모든 일에 대해 이 변명을 사용하게 된다.

아무것도 하지 않기로 했는가?
당신은 결정한 것이다.
자신의 고통을 연장하기로!

이것이 집에 관한 일이든, 재정 혹은 직장에서의 프로젝트에 관한 것이든 마찬가지다. 삶의 한 영역에서 부서진 것을 무시하면, 결국 다른 모든 영역으로 퍼진다. 내 친구는 집 안의 모든 방을 수리하고 업그레이드하는 데 몇 달을 보냈다. 그래서 집을 팔 때는 가치를 17,000달러나 더 높일 수 있었다.

그는 말했다. "집에서 해야 할 모든 일의 목록을 만들었어요. 그런 다음 하루에 한 가지씩 고친다는 미션을 세웠죠. 며칠이 걸린 일도 있었지만, 우리는 3개월 동안 업그레이드 작업을 했어요. 그동안 소홀했던 것이 뭔지 모두 파악한 다음, 목록을 작성하는 것에서부터 시작된 일입니다."

인간관계:
두려움을 다룰 것

"어떤 것이 당신의 영혼을 살찌게 하는지, 아니면 주의를 산만하게 하는지 알려면 충분히 오랫동안 모든 것과의 연결을 끊어라. 깊이 연결된 것은 항상 남을 것이다."

— 마리암 하스나Maryam Hasnaa

- 누군가와 해야 하는 불편한 대화를 미루고 있는가?
- 머리로는 끝내야 한다는 걸 알고 있는 인간관계를 몇 년째 방치하고 있는가?

한 친구가 자신을 피하고 있다는 것이 느껴지고 신경이 쓰이지만 "무슨 일 때문에 그래?"라고 묻기가 두려웠던 적이 있을 것이다. 나는 그런 적이 많았다. 나는 질문하기를 꺼렸고, 대화를 피하려고 거리를 두었다. 딸과 터놓고 대화하는 시간이 필요하다는 걸 알면서 피한 적도 있다.

그러나 옆으로 밀려난 것은 결국 다시 내 앞에 뛰어들게 마련이다. 우리는 결코 현실에서 벗어날 수 없다. 변화를 피할 수는 없다는 이야기다. 인간관계는 방향을 찾기가 가장 어려운 영역이다.

대화를 미루게 되는 핵심 이유 중 하나는 그 길에 장벽이 있기 때문이다. 다음은 관계의 어려움을 피하려는 행동에 영향을 미칠 수 있는 장벽의 목록이다. 당신을 방해하는 장벽이 어떤 것인지 확인해보라.

- 중요한 문제에 대한 명확성 부족
- 해결책이 없을지도 모른다는 두려움
- 위협을 느낌
- 보복이 두려워 피드백을 줄 수 없음
- 조언이나 제안이 거부될 가능성
- 다양성 문제와 관련된 조심스러움
- 최적의 타협점을 마련하지 못함
- 실질적인 문제에 대한 오해
- 상대방이 너무 소극적이어서 진실한 감정을 주고받기 위해서는

내가 혼자 노력해야 함

- 상대방이 공격적이고 비판적임
- 비난에 대한 공포
- 방어기제 발동
- 상대방이 지나치게 예민함
- 상대방의 존중이 부족함

두려움은 회피 전략의 주범이어서, 관계 안에서 계속해서 나타난다. 우리는 의도적인 행동이 가져올 결과를 두려워한다. 마음이 탈출구를 찾고 있다는 것을 느낄 때, "이 상황을 피한다면, 그에 따르는 잠재적인 결과는 어떤 것일까?"라고 자신에게 물어보라. 진실에 접근할 때까지 이 질문을 반복하라. 결국 그 일을 피하고 있는 이유에 도달하게 될 것이다. 돈에 얽힌 관계든, 개인적인 관계든 마찬가지다.

관계에 대한 논의를 성공적으로 하기 위한 아홉 가지의 전략은 다음과 같다. 사전에 계획을 세우고 지지와 이해를 위한 기반을 구축한다면 관계가 성장하고 성숙해질 것이다.

자신의 이해력을 과신하지 마라. 대답하기 전에 상대방이 말한 내용을 제대로 이해했는지 확인하라. 상대방이 한 말이 확실하지 않은 경우, 설명을 요청하라. "다시 말해줄래?" 또는 "무슨 말인지 잘 모르겠어. 이해하기 쉽게 다시 말해줄 수 있을까?"라고 말해보라.

열린 태도를 보여라. 우리가 뭔가를 논의하는 이유를 무엇이 '옳은지' 따져보는 것으로 여긴다면, 상대방은 '틀려야만' 할 것이다. 이런 식으로 이것 아니면 저것, 혹은 옳고 그름을 나누는 경직된 사고방식은 갈등을 만들며, 서로 간의 이해를 어렵게 한다. 열린 태도로 문제 해결에 관심을 가지고 대화에 접근하라.

당면한 주제를 유지하라. 이 대화의 주제에 집중하라. 다른 주제나 과거에 있었던 일과 관련된 문제나 불만을 제기하면 현재 진행 중인 대화에서의 건강한 의사소통에 방해가 되기 마련이다. 그런 다른 문제들은 다음번을 위해 남겨두어라. 그것이 당신에게 여전히 중요하다면, 당신은 기억해낼 수 있을 것이다.

상대방을 탓하지 말고, 자신의 감정에 책임을 져라. 아무도 당신을 특정 방식으로 느끼게 할 수 없다. "내가 느끼기엔……."이라고 말하거나 "나는……." 진술을 사용하라. 상대방이 당신의 반응에 어떤 식으로 원인 제공을 했는지 명확하고 구체적으로 설명하라. 그냥 일반적으로 "너 때문에 정말 화나."라고 말하기보다는, 상대방의 실제 행동에 초점을 맞추어라.

중간에 말을 끊지 마라. 상대방이 말할 때 의식적으로 주의를 기울여서 경청하라. 이것은 상대방이 말을 마칠 때까지 기다렸다가 대답을 하는 것과는 다르다. 상대방이 아직 말하고 있는데 다음에 할 말을 생각하고 있다면 경청하는 것이 아니다.

지레짐작하지 마라. 일정 기간 함께 살거나 일해왔다고 해서 상대방의 감정이나 생각을 아는 것은 아니다. 사람은 성장하고 변화한다. 당신이 원하거나, 필요로 하거나, 서로에 대해 기대하는 것은 서로 변하며, 가끔 재조정이 필요할 수 있다.

대화 속도에 주의하라. 대화가 과열되면 진행이 빨라지기 쉬우며, 속도를 늦추기 위해 큰 노력이 필요하다. 그런 상황에서 자연스럽게 잠시 멈추고 숨을 고르는 방법을 더 많이 찾을수록 명확성을 유지하고, 서로의 말에 귀를 기울이고, 현명하게 대응하기가 쉬워진다. 대답하기 전에 숙고하면 자연스럽게 대화 속도가 느려진다.

진정으로 이해하려고 노력하라. 이것은 당신의 보디 랭귀지, 목소리 톤, 그리고 호의와 협력적인 분위기를 드러내는 다른 비언어적 의사소통에서 나타날 것이다. 적절한 때에 당신의 의도를 분명히 밝혀라. "어떻게 그렇게 생각하게 된 건지 정말 이해하고 싶어." 또는 "우리 모두에게 잘 맞는 방법으로 이 문제를 해결하고 싶어."와 같은 말은 대화의 전체적인 분위기를 바꿀 수 있다.

중요한 것에 집중하고 유연한 관심을 가져라. 무슨 일이 있었는지 장황하게 쏟아내는 대신, 두 사람 모두에게 중요한 것이 무엇인지 들어보라. 요구 사항을 듣는 중이라면, 내면에서 이것을 요청이라고 번역하고 상대방이 필요로 하는 것을 존중하는 방식으로 답하라.

상황이 복잡하다면 서로 다른 날짜에 여러 번으로 나눠 대화하는 것을 고려하라. 당신이 첫 번째로 공을 패스할 때는 그저 공감에 초점을 맞추고 다른 사람의 말을 잘 들으려고만 노력해도 된다. 다음번에는 당신의 이야기도 나눠보고, 서로 간에 이해를 쌓아나갈 수 있도록 노력하라. 결과가 당신이 원하는 대로 되지 않더라도, 좋은 관계를 위해서 가능한 모든 일을 한다면 얻는 것이 있다.

여전히 미루기의 유혹에
넘어가는 당신에게

이제 당신은 미루는 습관을 극복하고 일을 끝낼 수 있는 완벽한 시스템을 갖추게 되었다. 오래전에 포기했거나 계속 피하고 있던 일에 이제는 초점을 맞추고, 우아하게 처리할 수 있을 것이다. 그러나 여기서 끝나는 것이 아니다.

성공하기 위해서는 이 책을 다시 살펴보고, 각 전략이 습관이 될 때까지 연습해야 한다. 반복하면 일관성이 생기고, 이는 당신이 원했던 모든 것을 가져다줄 습관을 형성한다. 꾸준히 노력하면 힘든 일을 먼저 하는 습관을 기르기가 점점 쉬워진다.

당신은 언제나 두려움에 대처해야 할 것이다. 회사 CEO부터 은행 직원, 억만장자 기업가에 이르기까지 누구에게나 직면해야 할 두려움이 있다. 두려움을 어떻게 다루는지에 따라 차이가 생긴다.

인생에서 유일하게 보장된 것은 인생이 힘들다는 것뿐이다. 성공은 절대로 보장되지 않지만, 거기에 도달하기까지 힘든 시간을 겪을 것이라는 점만은 보장되어 있다.

힘든 시간을 받아들여라. 저항을 밀어내고 나아가라. 게으른 마음을 이겨내서 당신이 말하는 대로 할 수 있도록 훈련하라. 당신은 당신의 마음을 지배하고 있다. 마음이 당신에게 명령하는 것이 아니다.

아직도 '나중에'와 '언젠가'에 기대고 있는가?
시작을 위한 완벽한 기분이 되기를 기다리고 있는가?
힘든 일을 미루고 싶을 때마다 자신에게 물어보라.

"오늘이 아니면 언제 이 일을 할 것인가?
지금이 아니면 대체 언제란 말인가?"

옮긴이 이희경

고려대학교 철학과를 졸업하고 서울대학교 미학과 석사과정을 수료했다. 미술관과 문화예술 공공기관에서 국제교류 업무를 담당했다. 인문학과 예술, 교육 분야에 두루 관심을 가지고 읽고 쓰고 번역한다. 역서로는 『속담, 명언으로 풀어보는 이솝우화』, 매거진 《아노락》이 있으며 저서로는 『위드, 코로나(공저)』 등이 있다.

힘든 일을 먼저 하라

초판 1쇄 발행 2023년 7월 20일
초판 15쇄 발행 2024년 9월 30일

지은이 스콧 앨런 **옮긴이** 이희경

발행인 이봉주 **단행본사업본부장** 신동해
책임편집 이혜인 **편집장** 조한나
디자인 최희종 **국제업무** 김은정 김지민
마케팅 최혜진 이인국 **홍보** 반여진 허지호 송임선 **제작** 정석훈

브랜드 갤리온
주소 경기도 파주시 회동길 20
문의전화 031-956-7208(편집) 031-956-7089(마케팅)
홈페이지 www.wjbooks.co.kr
인스타그램 www.instagram.com/woongjin_readers
페이스북 www.facebook.com/woongjinreaders
블로그 blog.naver.com/wj_booking

발행처 ㈜웅진씽크빅
출판신고 1980년 3월 29일 제406-2007-000046호

한국어판 출판권 ⓒ웅진씽크빅, 2023
ISBN 978-89-01-27397-6 03180

• 갤리온은 ㈜웅진씽크빅 단행본사업본부의 브랜드입니다.
• 책값은 뒤표지에 있습니다.
• 잘못된 책은 구입하신 곳에서 바꾸어 드립니다.